只给男孩看的青春秘密书

黄凤祁 编著

中国妇女出版社

图书在版编目（CIP）数据

只给男孩看的青春秘密书 / 黄凤祁编著. --2版. --北京：中国妇女出版社，2018.7（2021.6 重印）
ISBN 978-7-5127-1611-7

Ⅰ.①只… Ⅱ.①黄… Ⅲ.①男性—青春期—健康教育 Ⅳ.①G479

中国版本图书馆CIP数据核字（2018）第121961号

只给男孩看的青春秘密书

作　　者：黄凤祁 编著
责任编辑：万立正
封面设计：尚世视觉
责任印制：王卫东
出版发行：中国妇女出版社
地　　址：北京市东城区史家胡同甲24号　　邮政编码：100010
电　　话：（010）65133160（发行部）　　65133161（邮购）
网　　址：www. womenbooks. cn
法律顾问：北京市道可特律师事务所
经　　销：各地新华书店
印　　刷：北京通州皇家印刷厂
开　　本：170×240　1/16
印　　张：16
字　　数：240千字
版　　次：2018年7月第2版
印　　次：2021年6月第4次
书　　号：ISBN 978-7-5127-1611-7
定　　价：39.80元

前 言

解开青春小秘密，面对成长不慌乱

青春期的科学定义为由儿童发育成为成年人的过渡时期，同时也是男孩一生成长中的关键时期和危险时期。在这一时期，男孩的生理逐渐发育成熟，心理特征也开始明显区别于儿童时期。虽然此时的男孩已经具备了一定的独立性，但是却并没有完全独立，这种介于儿童和成人的过渡阶段和地位，常常使得很多男孩觉得自己是社会上的“边缘人”。地位的不确定性和社会向其提出的要求的不确认性，使很多青春期的男孩面临着前所未有的生理困惑和心理困惑。比如，这一时期的男孩会对“性”话题充满好奇和疑问；会对自己身体上的各种生理变化感到不知所措；会对老师、家长以及社会怀有莫名的反抗情绪和敌对心理……这一切的一切，都会对青春期男孩的健康、快乐成长产生影响。

青春期，意味着男孩将离开父母、家庭的监护，摆脱对成人的依赖，成为独立的个体，是心理“断乳”的关键时期。在这个时期，男孩的精神生活充满矛盾和冲突，处在一种非常不稳定、不平衡的状态中，具有多种情绪问题：有的男孩情绪波动极大，时而热情豪放，时而郁郁寡欢；有的男孩孤独寂寞，意志消沉，情感脆弱；有的男孩自卑烦恼，多思多虑；有的男孩嫉贤妒能，难以自控；有的男孩过分焦虑，造成学习困难……

青春的岁月如钻石般珍贵，如鲜花般美丽，然而，青春的岁月里也同样有狂风扬沙，甚至乌云暴雨。青春期的男孩感到迷惘，甚至找不到方向——与父母的距离越来越远，一天说不上几句话；原来一门心思扑在学习上的自己，竟然迷恋上了网络游戏；原来一向讲文明懂礼貌的自己，忽然冒出了脏话……面对自己的这些变化，男孩子们会感到不知所措，他们也想改变，可是却发现无处下手。

进入青春期的男孩，随着知识的不断积累，生活经历的不断丰富以及心理素质的不断提升，其需要、兴趣、能力、动机、气质等人格特点也在不断地发生着变化。比如，这一时期的男孩学会了关注、思考、分析，开始抱着怀疑、警觉的态度认识和审视周围的每一个人；开始有了“初生牛犊不怕虎”的气势；开始有了“欲与天公试比高”的远大志向……与此同时，他们与父母、老师之间的关系也开始发生微妙的变化，比如不会再像以前那么听话，自我意识迅速发展，独立意识也越来越强，渴望得到家长和老师的认同，等等，对于这些变化，男孩会产生诸多的困惑并渴望得到“指导”。

《只给男孩看的青春秘密书》就是为了解决青春期男孩的一系列困惑而写的。本书共分为10章，从身体、私处、性、保健、女孩、心理、情绪、叛逆、禁区、父母等10个关乎男孩青春期隐私和特点的方面出发，搜集了实际生活中一些男孩的隐秘和心声，有针对性地给出了科学、实用、具体的指导建议和措施，文末处还奉送上了贴心小纸条。真正做到了走进男孩的内心，并给予了正确指导。这是一本适合青春期男孩放在枕边的秘密书，也是能够帮助男孩平稳、安全、正确、愉快地度过青春期的良师益友。

希望每一个男孩都能够拥有一个健康、快乐的青春，都能够以乐观积极的心态以及真实的本领去迎接自己未来的精彩人生！

目 录

CONTENTS

第一章
身体——竟然发生了这么多变化

第二章
私处——一个羞答答的问题

第三章
性——它是个什么东西

第四章
保健——真不知从何做起

第七章
情绪——我这是怎么了

第八章
叛逆——就是想对着干

第九章
禁区——我只是很好奇

第十章 父母——他们管得可真宽

第一章

身体

竟然发生了这么多变化

青春期男孩面临的最大变化就是生理上的变化，这些身体上的变化让男孩们感到困惑与不解。面对这么多的变化，如嗓音的变化、体重的变化、身高的变化等，男孩子也会产生一系列的疑问。这一章就是专门为青春期男孩解答关于身体变化的一些疑问的，如如何打理胡须、结巴怎么办、长青春痘怎么办等问题。

可恶的青春痘，让我没“面子”

长了青春痘怎么办

青春期来了，意味着我们长大了；青春痘来了，却让我们长“惨”了。挤，越挤越多；抠，越抠越大。爱帅的我们，怎么办？原本还想一展男子汉的风采，可是这破痘痘却让我们帅不起来，而且人前人后都超级没“面子”。

男孩的烦恼

① 能不能只要青春不要痘

歪猴：可恶，下巴上竟然冒出两个红痘痘，我实在想不出用什么办法来对付它们，只好使劲儿地抓，抓啊抓，抓啊抓。天哪，两个青春痘在我的摧残下，竟然玩起了乘法，2×2=4。4个青春痘啊！该怎么对付呢？

② 破痘痘，害得我心烦意乱

燎原：放假了，我决定和同学出去happy一天，可是鼻子上长了个很丑的红包，玩的时候，我总是不由自主地用手去捂鼻子。一个同学看我总捂着脸，不分青红皂白就管我叫“伪娘”，我真是有苦难言。哎，该死的青春痘。

③ 痘痘走了，却留下了痘坑

墨涵：青春痘终于被我折腾没了，真是太好了，我赶快摸了摸自己的脸。这一摸不打紧，立马让我的嘴张成了“O”形。因为少了一个凸起，多了一个凹洞。悲催！真是一波未平一波又起，该如何修复这个痘坑呢？

科学解析

许多男孩提起青春痘都愤恨不已，恨不得立马找出一剂妙方把这些痘痘都消灭光。

不过俗话说："知己知彼，方能百战百胜。"我们要想打败青春痘，先要弄明白形成青春痘的诱因。一般说来，青春痘形成的原因主要有以下几个方面：

（1）内分泌失调

皮肤的皮脂腺内有一个雄性荷尔蒙的接受体，有些人的接受体很敏感，一旦荷尔蒙的分泌稍有变动，就会影响到皮脂腺的分泌。皮脂腺分泌过于旺盛而无法及时排出，就会引起毛囊阻塞，为青春痘的产生提供温床。

（2）毛囊角化异常

正常情况下，毛囊口上部的角质会随着皮肤的新陈代谢而不断更新，从而保证毛囊内畅通无阻，使皮脂顺利流出。但是如果毛囊口角化异常，角质层变厚不易脱落，不能流出的皮脂就会堵塞在毛囊口，导致青春痘的形成。

（3）饮食不当

有些男孩总是喜欢吃高糖分、高热量食物，喝碳酸饮料，而且吃得过饱，这样未经充分消化的食物积存在体内，使得废物、毒素不能及时排泄出去，也会为青春痘的产生埋下隐患。

除了上述原因外，经常熬夜，睡眠不足也常常会引起新陈代谢失调，使得皮肤由健康的弱酸性变成碱性，失去杀菌的作用。这些都需要引起我们的重视，在日常生活中予以避免。

专家支着

"只要青春不要痘"是很多男孩的战"痘"宣言。但是光有信条，没有正确的方法也是不行的。以下是防治青春痘的小措施：

① 正确清洁皮肤

长痘痘的油性皮肤要经常清洗，但是洗脸的方法一定要注意。正确的方式是用30℃左右的温水将脸拍湿，将洗面奶在手掌中揉搓，然后双手敷于面部，打圈按摩，尤其是鼻子及周围的三角区域，更是清洁重点。洗面奶不宜在脸上停留过长时间，最好按摩2分钟左右就用温水冲洗，直至把脸上的洗面奶完全洗干净为止。

② 选对洁面产品和护肤品

清洁皮肤时，切忌用磨砂类的洗面奶，因为洗面奶中的微粒可能阻塞毛孔形成青春痘，面部凸起的部分也容易因为遭到微粒的碰撞而破裂，造成伤口恶化。应选择深层清洁、温和、祛痘、控油的洗面奶，保持面部皮肤干爽。护肤产品切勿选择油腻性质的，这样很容易堵塞毛孔而产生粉刺和青春痘。宜选择稀薄奶液状的护肤品，有祛痘效果的更佳。

③ 保持毛巾、枕巾等的卫生

毛巾、枕巾上最容易沾上灰尘、头皮屑等脏东西，它们也是滋生青春痘的温床。因此，长了痘痘后，千万不要忽略毛巾、枕巾的清洁。毛巾最好是一天一洗，可以在洗干净后把它泡在开水里消消毒。枕巾应该两天换洗一次，枕套应当每周换洗一次。总之，经常与脸部皮肤接触的地方，都要保持干净、卫生。

掌握了防治痘痘的方法后，还要注意平时没事不要乱抠、乱挤痘痘，这样会造成感染，使痘痘更放肆，还容易留下痘坑、痘印。

小贴士

听说牙膏能帮忙战“痘”，是真的吗?

许多男孩听说牙膏可以帮助祛除脸上的痘痘，事实上这是不可能的。到目前为止，还没有一种牙膏具有战“痘”作用。虽然牙膏中含有的氟和钠可以抑制口腔细菌，但是毛孔中的细菌和口腔中的细菌种类不同，把牙膏涂在脸上只会让自己的青春痘更严重、泛红，甚至会形成过敏性的疾病。因此，男孩们切忌用牙膏祛痘。

我成了“沙嘶劈哑”

变声期该怎样保护嗓子

都说青春期是一生中最美好、最富有朝气的时期，我们可以纵情歌唱，可是嗓子却不给力了——“沙嘶劈哑”，让我们无法一展自己原本清亮的歌喉。面对变声期的这副嗓子，该怎么去保护怎么才能顺利度过青春期呢？

男孩的烦恼

① 只唱了两个小时的歌，嗓子居然哑了

胖子：周末和几个朋友在家里拿着麦克风唱歌，因为我是个“麦霸”，因此拿住麦克风之后就一直唱。结果才不到两个小时，我就感觉自己的嗓子很难受，天哪！居然哑了！这可是以前从来没发生过的事情啊！

② 烦恼，怎么保护我的嗓子

陈浩：自从变声期开始之后，我就感觉自己的嗓子变得好脆弱。以前不论是唱歌还是大声呼喊，都很响亮，没有一点儿不适。可是现在，总觉得只要一大声说话，嗓子就不舒服，而且声音也超级难听，常常被朋友取笑。烦死了，我该怎么去保护我的嗓子呢？

③ 讨厌的“公鸭嗓”，让我变得沉默了

吴丕：以前我是公认的“好嗓子”，大家都说我的声音婉转动听。可是现在，我那婉转动听的嗓音消失了，取而代之的是一副难听的“公鸭嗓”。别说他人了，就连我自己听了都难以接受。因为这个原因，让原本开朗的我变得沉默了。

科学解析

很多男孩在进入青春期后，都会发现自己的声音变了，变得很粗，也不好听，心理上也难以接受。其实变声是男孩进入青春期后必须经历的一个时期，想要在这一时期保护好自己的嗓子，不妨先来了解一下发生变声的原因：

（1）雄性激素作用

人的声音主要是由体内的发声器官——声带的震动产生的，而声带震动又与喉头的发育有关。进入青春期后，由于雄性激素的作用，男孩子的喉头迅速发育长大，变得突出，从而形成男性特有的喉结。

（2）喉头里声带的变化

伴随着喉头的发育，喉头里的声带也在同时增长、增宽、增厚，发出的声音就会逐渐降低，使男孩子原本细而高的童声渐渐变为粗而低沉的声音。

人是靠嗓子里的声带震动发出声音的，因此，声带的长短、厚薄和张力，对声音起着决定的作用。要想拥有一副好嗓音，除了先天的条件之外，青春期嗓子的发育关系到发音的质量。因此，在变声期，男孩子一定要格外注意对自己嗓子的保护。

专家支着

保护嗓子可以从以下几个方面进行：

① 注意正确的发音方法

要避免提高嗓门大声喊叫和唱歌，以免造成声带过度疲劳、肿胀充血，男孩子一定要注意这一点，不要一高兴就忘乎所以。如果发现自己的嗓音哑了，就要注意小声说话或者减少说话，以便让声带得到充分的休息。

② 注意饮食

尽量少食或者不食辛辣、油腻等刺激性的食物，比如辣椒等，多吃一些清淡的蔬菜和水果。尤其要注意不能吸烟和饮酒，特别是吸烟，对嗓子的危害非常大。

③ 长时间说话后不要立即喝冷饮

在长时间说话后，应该喝温开水，而不是冷饮。因为此时咽喉部的组织正处于急性充血状态，立即喝冷饮易造成咽喉部的血管收缩，导致喉部血流减慢，引起咽喉生理功能的下降，从而引发急性咽喉炎，导致声音嘶哑、咽喉肿痛等症状。

④ 合理安排作息时间

避免过度劳累，要保证充足的睡眠和适当的体育锻炼，以增强身体的免疫力和抵抗力，预防和避免伤风感冒等引起的咽喉疾病。

除了以上注意事项之外，还要注意不管什么原因造成的长时间哑嗓不愈，一定要及时到医院就诊治疗。不要小瞧了这个变声期，因为宽厚、沉稳而有磁性的嗓音是体现男性魅力的一个重要方面，因此在这一时期一定要好好保护自己的嗓子。

小贴士

男孩和女孩声带的变化有什么不同?

进入青春期后，青少年的声带会逐渐发生变化。女孩一般在13～16岁进入变声期，而男孩一般在14～17岁才进入变声期。在此前，男孩和女孩的声带长度无显著差异，一般为6～8毫米长，这时他们的声音也不存在本质差别。可是进入青春期后，男孩子的声带会逐渐增长到20～24毫米，而女孩的声带一般只会增长到15～18毫米。男孩的声带变得相对较宽较厚，而女孩的声带则变得相对较窄较薄。

我的脖子长了一个“结”

这个凸起不是病

真是没有想到青春期到来之后，身体会发生这么多的变化，这简直让我们有点招架不住。比如脖子上突然长出了一个“结”，摸上去稍微有点硬，好像一个小骨头在那儿，真担心这是得了什么病。

男孩的烦恼

① 一个“结”让我心烦意乱

涛涛：前天早晨洗漱的时候，一照镜子吓了我一大跳，我的脖子上居然长了一个结。用手摸摸，微微有点硬。这可把我吓坏了，会不会是得了什么病呢？从前天到今天，我一直都在因为这个“结”而心烦意乱。

② 我担心我得了肿瘤

金鑫：我的脖子上也有一个凸起，这让我一度担心我得了肿瘤。问过爸爸之后，他说我长大了，这个凸起是喉结。可喉结又是什么呢？我还真不大懂！

③ 我脖子上的“结”不明显是不是有问题

宁浩：小时候我就知道爸爸的脖子上有一个小疙瘩，现在我长大了，脖子上也有了。可是让我纳闷的是，我脖子上的这个结一点也不明显，是不是有什么问题呢？

科学解析

喉结突出是男性的性征之一，男孩子经过青春期发育，加上雄性激素的作用，一般都会发生喉结不同程度的向前突出现象。为了更好地让男孩子们了解这个变化，下面就详细说一说喉结这个器官。

（1）喉的发育

青春期，男孩子身体的一个重要变化是喉的发育。喉是人的发声器官，位于前颈部，由软骨、韧带、肌肉和黏膜组成。在小的时候，颈部没什么变化。但是在进入青春期后，由于雄性激素的作用，男孩子的甲状软骨向前方凸起，这就是从颈部表面看到的喉结。喉结的出现，表明了喉的发育。一般来说，喉结的变化往往伴随着变声期的开始。

（2）喉结明显与否和是不是男子汉无关

很多青春期的男孩在知道喉结之后，会因为自己的喉结不明显而自卑，觉得喉结不明显就没有男子汉气概，其实这种理解是不科学的。导致喉结不明显的原因有很多，比如由于自慰频繁导致雄性激素大量耗费，从而使得甲状软骨没能充分向前突出；还有就是经常进行一些剧烈运动，如长时间打篮球、长跑等，也会导致喉结不明显；另外就是长得可能比较胖，从视觉上导致喉结不那么明显。但是不管喉结明显与否，都与有无男子汉气概没有关系，只要内外生殖器发育良好，毛发分布以及生长正常，就是一个标准的男子汉。

专家支着

脖子上的这个凸起不是病，是喉结。那么对于喉结不明显这个问题，男孩子又该怎么去做呢？

① 保持平和心态，不要胡思乱想

有些男孩子步入青春期后喉结也不是很明显，完全在于雄性激素的作用。因此，男孩子完全没必要担心发育不良，而是要保持平和、积极的心态，更不能胡思乱想。

② 多补充蛋白质、维生素，以促进雄性激素的分泌

男孩子要养成良好的饮食习惯，做到不挑食，多食用一些肉类和蔬菜、水果。肉类含有丰富的蛋白质，蔬菜和水果富含维生素。合理搭配，营养才能供得上身体的成长发育。

小贴士

为什么有的女孩的喉结也会和男孩子的一样很明显呢？

女孩体内占“主导”的是雌性激素，如果雌性激素分泌少而雄性激素分泌多的话，就可能导致女孩出现喉结突出。另外，遗传因素和过分消瘦，也会让女孩子的喉结很明显。

到处都长“头发”

身体上的“草丛”如何护理

本想着青春期是展现自己男性魅力的时期，却不想身体上的一些东西影响了这种积极性——身体到处都开始长“头发”，有些是看得见的，有些是看不见的。看不见的还好说，而看得见的，真是让我不知所措。

男孩的烦恼

① 下体不舒服，然后就长出了“头发”

强子：前一段时间总觉得下体不舒服，阴部也出现一些小疙瘩，摸上去凹凸不平，有时候还有些痒。今天洗澡的时候再看，发现那里居然长出了一些像头发一样的卷曲的毛。看上去挺不好看的，虽然别人看不到，但是我一想起来心里就觉得很别扭。

② 因为腋毛，我不敢穿短袖

少鹏：以前自己的胳肢窝很白净，可是现在却长了好多毛毛，摸上去毛乎乎的，一出汗更是会将那些毛毛粘在一起。因为这个原因，夏天我都不敢穿短袖了，生怕无意中露出来被别人看见难为情，尤其是在女生面前。

③ 腿上的毛毛越来越多，看起来真的很脏

小飞：以前一到夏天我就穿短裤，可是现在我非长裤不穿，原因就是我腿上的毛太多了，而且不是那种汗毛，是很长很密的。我试着剪过几次，可是马上就又长出来了。光着腿的话，看上去毛茸茸的很脏。唉，都烦死了！

科学解析

随着年龄的增长，男孩在进入青春期后会发现自己身体上到处都在长毛：腋下、腿

上、阴部等。这些毛毛让人很烦恼，很不舒服，甚至会想找个办法去掉。对此，男孩有必要了解一下身体长“头发”的原因。

（1）雄性激素大量分泌

进入青春期后，男孩子的雄性激素会大量分泌。在这些雄性激素的作用下，男孩子会陆续长出阴毛、腋毛、胡子等，而身体上其他部位的汗毛也会越来越重。

（2）遗传因素

科学研究表明，身体上毛发的颜色和疏密程度因人而异、有所不同，这主要是受到遗传因素的影响。比如汗毛的多少取决于毛囊的数量，颜色深浅取决于毛囊基部的色素细胞，而毛囊是天生的，后天没办法增减。

（3）其他因素

种族、气候、地域、性别、营养以及情绪等，也会影响男孩身体毛发的增长。

总之，进入青春期，男孩的身体到处都会长“头发”，并且疏密、颜色等也都有所不同。这是男孩子发育过程中的正常现象，应该理性、客观去看待，不要因为不美观就想着去掉。

专家支着

可能男孩子们又要问了：既然这些都是正常的现象，那么我们又该怎么去正确护理身体上的“草丛”呢？下面就给各位男孩说一说关于身体这些毛发护理的问题。

① 注意阴部卫生

在阴毛即将长出的时候，阴部会出现一些小疙瘩。这时候一定不要用手抓、挠，更不能用刮胡刀刮、用镊子或者手去拔，否则可能会引起毛囊炎或皮肤感染。这时候只需要耐心等待，等毛毛长出之后，瘙痒问题也会自然消除。开始长出的阴毛只是稀稀拉拉的，渐渐会变得浓密和卷曲，并且向耻骨蔓延，最后覆盖整个外生殖器。这时候就要注意阴部的卫生，有条件的话每天在洗澡的时候，可以对阴部进行清洗。没条件的话，可以用温水清洗。

② 最好不要人为剃腋毛、腿毛等

腋毛、腿毛等也算是人体的一部分，虽然有时候看着不是很美观，但是并不影响身体健康。因此，如果不是特别需要的话，最好不要人为地剃掉。

③ 莫将体毛与男子汉挂钩

在很多电影、电视中，那些看上去威猛强壮的、很有男子汉气概的人，腋毛、胳膊和胸部的汗毛都是又密又黑，因此常常给人造成一种错觉——体毛重的人更有男子汉气概。其实这种理解是不科学的，人的体毛多少受到各种因素的影响。因此，不要轻易将体毛与男子汉挂钩，也不要因为自己的体毛少就感到自卑。

小贴士

都说男孩身上的体毛比女孩身上的体毛更多，这是真的吗？

身体上长毛是因为激素的分泌，雄性激素又叫男性激素，它能够刺激毛发的生长。女孩虽然也有雄性激素，但是男孩的雄性激素更多，因此男孩身上的体毛一般比女孩身上的体毛更多一些。

天哪，我的乳房长大了

男生乳房变大正常吗

进入青春期，身体发生了一系列的变化，这些都可以理解。可是，让我们不能理解的是，为什么乳房会变大呢？乳房变大应该是女孩子的“专利”啊！为什么男孩的乳房也会变大呢？这正常吗？太让人郁闷了！

男孩的烦恼

① 乳房像女孩的一样变大

张力：我今年13岁了，现在非常担心，因为我觉得我的乳房在变大。尤其是在洗澡的时候，很容易摸出来，并且还一大一小。我是个男孩子，却像女孩子一样开始长乳房，我都不愿意在公共场合洗澡了，太让人难堪了！

② 大家都取笑我是女孩子

耗子：最近一段时间，好哥们儿总是取笑我的胸部像女孩子的胸部一样，因为和他们相比，我的胸部似乎真的有点儿大。这让我很不是滋味，虽然我知道哥们儿没有恶意，但是我自己真的很在乎乳房变大这件事情。

③ 我好担心我会变成女孩子

牛牛：哎呀，现在我心里真是害怕极了。以前在书上看过有那种变性人，现在我都担心我会成为那样的尴尬人了，因为胸部增大的原因，让我怀疑自己会慢慢变成女孩子。因为这件事，我再也淡定不了，甚至都影响我正常的学习和生活了，到底该怎么办？

科学解析

说到女孩在青春期乳房会变大，相信大家都会觉得正常。但是今天我们说一个可能很多男孩都意想不到的问题——男孩子的乳房在青春期也会变大。不要觉得惊讶或者可笑，一项调查显示，我国大约有13%的男孩在青春期发育时乳房会增大。一般来说，导致男孩在青春期乳房增大的原因有如下几个：

（1）激素分泌水平较高

无论男孩女孩，体内都会同时分泌雄性激素和雌性激素，只是分泌的量不同，继而出现性别的差异。青春期的男孩出现乳房发育，主要是因为这个阶段的激素分泌水平较高，造成体内雌性激素水平绝对增高或相对增高，或者是由于乳腺组织对其敏感性增加而造成的，属于非病理性的乳房增大，经过一段时间就会好。

（2）疾病引起的乳房增大

一些疾病也会导致雌性激素分泌增加或者雄性激素分泌减少，从而导致男孩乳房增大。比如，肾上腺皮质发生疾病、肝脏患病并伴有肝功能减退以及下丘脑—垂体疾病、甲状腺疾病、糖尿病、性发育分化异常、慢性结肠炎等。

（3）滋补品中的激素

青春期是男孩学业负担比较重的时期，有时候为了应付考试或者提高成绩，家长会买一些滋补品，一旦其中含有激素，也有可能引起男孩乳房发育异常。

总之，青春期男孩乳房发育增大，有病理性的也有非病理性的，并且引起的原因也各不相同，男孩应该根据自己的实际情况采取不同的措施。

专家支着

面对自己乳房增大的现象，男孩应该这么去做：

① 发现自己乳房增大后及时到医院检查

青春期的男孩在发现自己的乳房变化后，一定要尽快到医院进行必要的检查。如果只是因为青春期激素分泌不平衡造成的，大多数会在一两年内自行消退，无须过分担心。只要积极配合医生治疗，精神上尽可能地放松，一般不久后就可以恢复。

② 如果乳房持续增大，就要及时就医

如果发现自己的乳房持续增大的话，一定要及时找医生就诊，不要因为不好意思或者讳疾忌医而耽误最佳治疗的时机。对于病理性的乳房发育，只要针对其病因，调节内分泌，积极进行对症治疗，也是可以治愈的。

③ 谨慎服用各种滋补品

如果课业负担比较重，害怕身体营养跟不上的话，可以在保健医生的帮助下选择食补，一定要谨慎服用各种滋补品，最好不食，以避免因此而引发的乳房发育。

在弄清楚了乳房增大的原因以及应对方法之后，男孩平时还要多在意自己身体的变化，讲究卫生，多参加体育锻炼，以增强自身的免疫力，避免因为疾病引发的乳房增大。

小贴士

男孩子也有必要注意乳房保健吗?

说到乳房保健，似乎一直都是女孩子的事情，其实不然，青春期的男孩也要注意乳房保健。正常男子的乳房发育很低，所以常常被遗忘。但是，乳房作为一个位于体表的器官，男孩子也要对其重视一些。比如平时注意其变化，感觉疼痛、胀痛的时候要及时就医。

惭愧，我的个头还没女生高

为 什 么 女 孩 比 男 孩 长 高 早

都说青春期是男孩迅速发育成长的时期，可是为什么和女孩相比，我们男孩的身高却没有长高的“趋势”，甚至还没有女生的个头高呢？站在比自己高的女孩子面前，真的很没面子，有失我男子汉的尊严！

男孩的烦恼

① 体委的位子被女生夺去了，没面子

杨旭：原本我是班上的体委，每次上体育课或者学校有什么活动的时候，都是我带领同学们“冲锋陷阵”。可是上个星期，我的位子却被一个女生夺去了，原因很简单，那个女生的个子比我高了。这让我很没面子，要知道以前我可是班里最高的人，现在却输给一个女孩了，唉！

② 我怎样才能长高

佳峰：我的个子原本不是很高，本想借着青春期“爆发”一次呢，可是现在都已经14岁了，身体还没有长高的趋势，真是让人郁闷。眼看着周围的那些女孩都开始长个子了，我却仍“原地踏步”，怎能不着急！究竟怎么做我才能长高呢？

③ 穿增高鞋也不管用

蚊子：最近看电视上有一则增高鞋的广告，说穿了之后，身高能增长3～8厘米，我狠狠心拿出了自己全部的积蓄买了一双。结果都穿了3个月了，身高依然没有任何变化。唉，真是让人烦恼啊！

科学解析

很多男孩都希望自己能借着青春期“爆发”一次，让自己的个子长到一个理想的高度。可是，真实的情况似乎并不是这样，因为他们发现，自己的个子不仅没有蹿高，甚至长高的速度还不及女生。要想明白其中的原因，就需要先了解影响身高的原因：

（1）遗传因素

遗传因素是影响身高的主要因素之一。从遗传角度来讲，一般父母身材高大，子女的身材也会比较高大，这是先天的因素，是自己无法选择和改变的。

（2）环境因素

环境因素是指后天的因素，是可以通过各种有效的方法和手段来改善的。比如营养因素、疾病因素、情绪因素、体育锻炼等，都会影响男孩的身高。

人一生中有两个快速生长的时期：第一个是婴儿时期（0～1岁），第二个就是青春期。而男孩之所以比女孩长高晚是因为女孩发育相对比男孩早引起的。男孩子想要在青春期长高的话，在正视遗传因素的基础上，应该尽可能地发挥环境因素的作用。

专家支着

男孩想长高，一定要记住以下几点，并付诸实践。

① 保证均衡的饮食

营养供应是否充足、全面、均衡，对身体的发育非常重要，例如食物中的钙、磷的合理搭配有助于身高的增长。因此在青春期，男孩一定要注意均衡饮食，做到不挑食、不暴饮暴食，多食含钙和磷的蔬菜、水果等。

② 适量体育锻炼

体育锻炼不仅可以增强体质，而且有利于促进长高。根据统计，经常参加体育锻炼的青少年比不参加体育锻炼的青少年的身高可高出4厘米左右。比如每天坚持做1个小时能够达到流汗程度的运动，脑垂体就会被刺激，从而促进生长激素的分泌。需要注意的是，在锻炼的同时，一定要保护身体，避免不小心伤到膝盖的生长盘或者脊椎，否则就会妨碍身体的生长。

③ 保持稳定、愉悦的情绪

情绪波动、睡眠不足、生活不规律也会影响身体器官的功能，并导致身体发育异常。因此男孩要保证每天充足的睡眠，因为充足的睡眠能促进生长激素的分泌。睡觉的时候注意睡姿，最好枕一个不高不矮的枕头。只有睡眠充足了，学习和生活才会更有精神，情绪也才能稳定、愉悦，这些都有助于促进生长激素的分泌，促进男孩身高的增长。

小贴士

身材矮小的男孩该怎么锻炼呢?

身材矮小的男孩想要长高些、健壮些，在骺软骨完全骨化前可多做腿部运动，如跑步、跳跃、游泳、滑冰、打篮球等，再加上合理的营养，可以促进下肢骨骼的生长，达到增加身高的目的。在下肢长骨骨骺完全骨化后，下肢长度无法增长，但是脊柱还有很大的弹性和伸缩性，应多进行悬垂和伸展运动，比如吊环、爬杆、单杠、自由体操等，同时也要注意养成正确的站立姿势，也可促进身体长高。

被笑称“腋来香”

出汗，腋窝就臭臭的怎么办

都说青春期是充满朝气的，可是我的青春期却似乎充满了“臭气”——一出汗，腋窝下就会散发难闻的气味，甚至还被他人笑称为“腋来香”。尤其是夏天，更是不好意思在人群中待。唉，真是烦恼啊!

男孩的烦恼

① “腋来香”让我逐渐与同学疏远了

阿城：以前最喜欢听的一首歌是《夜来香》，可是现在一听到这首歌我就伤心不已，因为“夜来香”已经成了“腋来香”。只要一出汗，我的腋窝下就会散发难闻的气味，弄得我现在都不敢和同学在一起玩了，甚至让我与同学也逐渐疏远了!

② 腋臭让我很自卑，也让我很烦恼

树锋：我原本是一个非常开朗、阳光的男孩，可是现在却一点也开朗、阳光不起来了。因为腋臭，我成了自卑的小孩。为了不让他人生厌，我主动让老师把我调到了最后边，因为我不想给他人造成嗅觉上的折磨。该死的腋臭，真是让我烦恼死了！

③ 完了，我该不是得什么病了吧

彭辉：夏天来了，我的烦恼也来了。我本来就特别爱出汗，这就已经够让我烦恼的了，可是现在又增加了一项烦恼：腋臭。只要一出汗，腋下就会散发出刺鼻的难闻气味，别说别人了，我自己都快受不了了！我是不是得了什么病？真的好担心啊！

科学解析

腋臭，对于青春期的男孩来说，是一件让自己很难堪的事情。尤其是在人际交往中，常常因为这个而产生自卑心理，导致无法与他人正常交往和沟通。想要解决这个让人头疼的问题，男孩子就必须先了解一些与腋臭相关的知识：

（1）腋臭多发于青春期的原因

腋臭，又称狐臭，是一种腋部臭味症。在人体中分布着许多汗腺，其中腋窝是大汗腺比较集中的地方之一，而且汗腺的分泌有一定的气味。处于青春期的男孩一般腋下的大汗腺都比较发达，尤其是到了炎热的夏季，汗腺的分泌更是非常旺盛，如果不能得到及时的蒸发和清洁，在细菌的作用下就会产生难闻的气味，这种气味就是能够闻到的“腋臭”。腋臭常常具有遗传性，并且与性别、种族有很大的关系。一般来说，女性多于男性，白种人和黑种人多于黄种人，这主要与大汗腺的生理结构和功能有关。

（2）腋臭对青春期男孩的影响

青春期的男孩都比较在意自身的形象，而腋臭无疑会使其个人魅力大减。并且很多男孩都会因为狐臭而产生严重的自卑心理，于是便逐渐疏远他人，不愿意和他人交往。长此以往，必定会影响其正常的心理健康。

腋臭无论是对于男孩自己，还是对于其身边的人，都会造成消极的心理影响。因此，男孩也就有必要引起注意。

专家支着

腋臭的味道其实是可以制止的，男孩只要在平时的生活中多注意个人卫生即可。以下是一些有效减轻腋臭的方法，男孩在平时可以注意一下：

① 必须注意个人清洁和卫生

在平时的生活中，男孩一定要注意个人清洁和卫生，尤其是在夏季，一定要勤洗澡，勤换内衣内裤。另外，也可以在洗澡之后，在腋下扑撒适量的爽身粉或芳香剂，也可以有效祛除腋下的异味。

② 选择宽松的服饰

如果自己出汗比较厉害的话，在选择服饰的时候，要尽量选择宽松、通爽、透气性好的衣服。很多男孩认为穿长袖或者厚衣服能够掩盖汗味，其实这种想法大错特错。因为这样不但会增加汗流量，同时也不利于汗液蒸发，汗味自然也就难以消散，反而味道会愈来愈重。

③ 借助外在“力量”消除味道

比如可以用消毒液或者消毒药皂洗浴，以降低细菌的繁殖；不要幻想以香水的香味掩蔽体味，因为这样可能会造成皮肤过敏，同时香味加上体味，反而会使味道更为浓厚难闻；在使用止汗剂的时候要注意，应当于洗浴后或皮肤干爽的时候使用，而非出汗后再使用。

如果以上这些办法都不管用，那就要去医院咨询医生，让医生根据自己的具体情况选择合适的治疗方法。现在常用的祛除腋臭的治疗方法有注射性治疗、放射性治疗、手术治疗等。

小贴士

腋臭到底是一种病呢？还是只是体味而已？

腋臭是人体的一种生理现象，对人体健康并无伤害。体味任何人都有，只不过是味道有别而已。警犬能破案，也是利用了人体的味道。

我不想当“航空母舰”，我要减肥

青 春 期 减 肥 合 适 吗

青春期本来应该是我们男孩最能展现自己个人魅力的时期，可是肥胖的身躯让整个人的魅力都没有了。看着镜子里臃肿的自己，再想想商场里那些帅气的衣服，只能暗自神伤。爱美的我们，真不知道怎么应对自己“航空母舰”般的身材。

男孩的烦恼

① 你快回来，原来匀称、健美的身材

阿亮：以前的我身材匀称，再加上拥有一张俊朗、五官分明的脸，不知道迷死了多少小女孩。可是进入青春期后，我的辉煌就只能成为历史了，因为我的身材严重“走样儿”——一下子变得很胖。望着镜子里的自己，我真希望能恢复以前的身材。

② 没办法，我决定节食减肥了

飞仔：以前大家都喊我“飞仔”，因为我的名字里有一个“飞”字，现在大家都开始喊我“肥仔”了，因为我变胖了。“肥仔，肥仔”，一听到别人这么叫我，我心里就很不是滋味。所以我决定了，以后每天要控制饮食，只有吃得少才能减下去身上那些肥

肉吧！

③ 再这么胖下去，我就没脸见人了

江东：最近同学和朋友老说我“发福了”，这还没到发福的年龄呢，身体就先跟着发福了，甚至好像还有继续胖下去的趋势。再这么胖下去的话，我还怎么出门，怎么见人？我可不想被别人喊“小胖子”“航空母舰”！

科学解析

青春期到来之后，很多男孩都会出现不同程度的“走肥”趋势。青春期正是男孩爱美的时期，肥胖的身材是最大的障碍之一，于是很多男孩便会嚷嚷着减肥。想要健康减肥，就有必要了解导致肥胖的原因：

（1）与遗传有关

有关研究表明，如果父母双方都不肥胖，其子女患肥胖症的可能性只有7%；如果父母中有一方肥胖，子女肥胖的概率为40%；而如果父母双方都肥胖，子女肥胖的概率会高达80%。

（2）饮食结构不合理

男孩进入青春期后，由于身体发育的需要，会变得非常能吃，俗话说“半大小子，吃死老子”，父母为了更好地满足孩子的身体发育需要，也会为孩子提供更加丰富、高营养和高热量的食物。时间长了，就会因为饮食结构不合理、热量和脂肪摄入过多而引起肥胖。

（3）缺乏有效的体育锻炼

青春期是男孩学习的关键时期，学业压力相对要大，因此使得男孩不得不将大把时间用在读书学习上，这就导致缺乏有效的体育锻炼，从而引起肥胖。

因为以上种种原因，进入青春期的同时，很多男孩便开始有横向发展的趋势。过于肥胖的身体对健康当然不利，但是青春期减肥也不能随随便便减，如果不当的话，反而更容易对身体造成危害。

专家支着

那么，对于青春期的男孩来说，又该如何有效控制自己的体重呢？

① 合理选择食品以及节食，控制饮食

青春期是男孩迅速生长发育的阶段，因此不宜采取饥饿疗法进行减肥，而是应采取限制热量的方法，即以降低脂肪为主，适当控制碳水化合物。主食可选用米、面和杂粮，副食则选用瘦肉、鱼类、蛋类、豆制品、各种蔬菜以及水果等。而对于含淀粉过多的甜食，比如马铃薯、甘薯、甜点、糖果、果酱等，应尽量少食用。至于含脂肪过多的食物，比如花生、油炸食品、核桃仁以及含有动物油的食品等，也应该限制。另外，平时还要少喝浓茶和咖啡，以免刺激胃液大量分泌而增强食欲。

② 通过运动达到减肥的目的

运动能很好地作用于神经和内分泌系统，调整新陈代谢，促进脂肪代谢；另外还能帮助消耗体内的脂肪和糖，增强心脏的机能。因此，对于青春期的男孩来说，运动是一个不错的减肥方式。平时可以选择快速步行、慢跑、做体操、打球、骑自行车等运动，每天1小时。另外，也可以针对脂肪堆积的部位进行力量训练，比如做仰卧起坐、哑铃操等。

还有，在平时的生活中不要“偷懒”，而是要抓住一切有利于减肥的机会：上下楼用步行代替乘坐电梯，不长时间坐着看电视等。

掌握了以上的减肥方法，不仅不影响自己的身体发育和成长，同时也能增强体质，有效抑制横向发展的趋势。

小贴士

青少年体重多少算正常?

青少年体重多少算正常呢?实际体重超过标准体重的10%时,就可以称为超重;实际体重超过标准体重的20%,就可以称为肥胖。实际体重低于标准体重的90%为低体重,实际体重低于标准体重的80%为中度营养不良。

目前较普遍采用的计算方法有两种:

一种是:〔身高(cm)—100〕×0.9=标准体重(kg);

另一种是:

男性:身高(cm)-105=标准体重(kg);

女性:身高(cm)-100=标准体重(kg)。

以上两种计算方法,基本已被广泛采用。

他们都叫我“豆芽菜”

豆 芽 菜 身 材 正 常 吗

都说青春期男孩会迅速长成男子汉,可是我却非常烦恼,因为和别的男孩相比,我的身材又瘦又小,简直就和“豆芽菜”一样。这不由得使我们这些“豆芽菜”产生疑问:豆芽菜身材到底正常不正常呢?

男孩的烦恼

① 一听到“豆芽菜”,我就来气

沈俊:以前我最爱吃的菜就是豆芽菜,可是现在谁跟我提豆芽菜我指定跟谁急。为什么？就因为现在大家都喊我“豆芽菜”——因为我长得很瘦，也不高大，身材也跟豆芽菜似的。甚至还有人开玩笑说我光吃豆芽菜，把自己吃成了真的“豆芽菜”。所以现在一听到“豆芽菜”这三个字，我的气就不打一处来。

② 尴尬，女孩居然向我讨教减肥的秘诀

虎子：今天，后桌一个体形稍微有点胖的女孩问我：“看你这副小身材，真是让我羡慕，是不是有什么减肥秘诀啊？快告诉我！”听了她的话，我当时恨不得找个地缝钻进去。她不是夸我身材好，而是在说我瘦——的确，我很瘦，瘦得跟豆芽菜似的。都说高大的男孩子才有魅力，我这“豆芽菜”怎么才能变得高大一些呢？

③ 我不想成为女生眼中的“小王子”

马克：说句不谦虚的话，我长得还蛮帅的，五官很硬朗，也很分明，皮肤也不错。本来应该是很完美的，可我却一点儿也高兴不起来，原因就是我的个子不高，身材也很纤细。甚至班上的女生戏称我为“小王子”。明知道她们是开玩笑的，可我心里却不是滋味。唉，我真不想成为女生眼中的“小王子”啊！

科学解析

每个步入青春期的男孩子都希望自己拥有强健、高大的身躯，希望自己从外表上看就是男子汉，不过因为种种原因，很多青春期男孩子的体形都比较单薄，身材瘦长，肌肉也不发达，就如同豆芽菜一样，不能给人美感。对于青春期的体形发育，男孩要了解以下几个方面：

（1）营养供给不足影响体形发育

青春期是身心发展的一个高峰期，在这一时期，骨骼迅速生长，肌肉也开始发达，活动量也在增加，而这一切都需要足够、均衡的营养来保证。而现在的孩子大多都是独生子女，比较娇惯，在饮食上会存在不同程度的挑食、偏食，造成长期营养供给不充足、不均衡，或者是怕胖而有意节食，以及因为缺乏体育锻炼而成为“豆芽菜”。

（2）个体差异导致发育有所不同

人的身心发育速度存在着很大的个体差异，有的男孩子可能在12～13岁的一年里就增高了12厘米，而以后就几乎不再长了，这种人属于早发育型的，即发育早、速度快，发育时间集中；而另外一些男孩子，可能要到14～15岁才开始进入生长高峰期，虽然每年的增长并不多，也就4～5厘米，但是这种增长持续的时间长，甚至到了23岁后还在长，最后有可能超过原来比自己个子高的同伴，这种人就属于晚发育型的，即发育晚、速度较慢，但发育时间长。

知道了以上这两点，相信男孩子们对自己的“豆芽菜”身材也多了一份了解和认识吧！

专家支着

青春期是塑型的好时期，只要能够合理地安排生活，拥有强健的身体是很容易的。

① 饮食要合理、营养、有规律

处于青春期的男孩子宜多吃一些高热量、高蛋白、富含维生素的食物，比如鱼、肉、蛋、奶、豆制品，新鲜的蔬菜、水果。热量的补充对男孩子尤其重要，因为男孩子的运动量一般都比较大，耗能也比较多，需要及时补充。另外，为了保证骨骼生长，还要注意摄入足够的微量元素如钙、铁、锌、磷等，这些微量元素都能在奶制品、海产品和蔬菜、水果中获得。

② 注意科学地锻炼身体

体育锻炼能够促进骨骼和肌肉的生长，也能提高内脏器官的功能和强化肺的呼吸功能，并且还能促进大脑和整个神经系统的发育和成熟。因此，男孩在平时要注意科学地锻炼身体，比如多参加跑步、打球、体操、游泳等体育运动。

③ 保证每天充足的睡眠和精神愉悦

充足的睡眠有助于身体的生长发育，因为睡眠中人的体内会分泌更多的生长激素，所以男孩子一定要保证每天充足的睡眠，作息时间要科学、合理。愉快的情绪对增强体质也有着积极的促进作用，因此，男孩应该保证精神愉悦，多参加一些有意义的活动。

以上这些方法都有助于青春期男孩的塑形，尤其对于“豆芽菜”身材的男孩子，更能起到积极的作用。

小贴士

如果是遗传因素造成的“豆芽菜”身材，又该怎么办?

有的男孩受到遗传因素影响而身材比较矮小，就算如此也不必过于自卑和沮丧。身高只是个人魅力的一个方面，而且是无法改变的，男孩子应该学会去接纳它、欣赏它，然后通过其他方面来增加自己的吸引力和魅力。

昨天我又在床单上画地图了

长 大 了 为 什 么 还 尿 床

提及尿床，想必大家的第一反应都是“那是小孩子的专利”。可是，我们这些已经步入青春期的男孩，居然还会尿床，这说出去岂不是会被大家笑掉大牙?真是纳闷，为什么长大了还会尿床呢?

男孩的烦恼

① 丢人，羞死了，都15岁了居然还尿床

天野：说出来真是自己都脸红，我都已经是个15岁的男孩子了，居然还尿床。比如前天晚上吧，我迷糊中感觉身下湿漉漉的，等早晨清醒了才知道自己尿床了。这让我很难堪，更不好意思告诉老妈，只得自己偷偷把床单洗了。唉，真是羞死了!

② 天哪，我都这么大了还尿床，不会是得了什么病吧

志鹏：丢死人了，我现在居然还会尿床，这连我自己都不敢相信。早晨起来，看着床单上的那幅“地图”，我竟然呆了！冷静下来之后我开始担心：我不会是得了什么病吧？要不怎么都已经进入青春期了还会尿床呢？

③ 到底是什么原因让我长这么大了还尿床呢

延森：以前我偶尔也会尿床，那时候并未感到紧张，因为当时还小。可是现在不同了，我都已经是个16岁的大小伙子了，可是偶尔还是会尿床。这让我在难堪的同时，也有一丝隐隐的担忧，生怕自己得了什么病。唉，到底是什么原因呢？谁能给我解释一下？

科学解析

医学上把孩子在熟睡时不由自主地排尿称为“遗尿”，即尿床。婴幼儿时期尿床是很正常的，但是对于已经步入青春期的男孩来说，尿床的确切原因并不明确，一般认为是由以下几方面的原因所致：

（1）遗传因素的影响

遗传因素影响尿床，一般来说，如果父母尿床的话，那么孩子尿床的概率就很大；如果父母尿床到很大年龄的话，那么十几岁的孩子尿床也就不足为怪了。

（2）精神过于紧张

青春期的男孩情绪本来起伏波动就比较大，再加上升学考试的压力，以及第二性征的出现，往往会给男孩子的心理造成过重的负担。这时候，如果男孩子再遭受其他方面的压力的话，如与父母和同学关系紧张或者遭遇失败打击等，其精神和情绪也会非常紧张，以至于排尿次数增加，同时也就增加了尿床的概率。

（3）睡眠过深

青春期的男孩学业压力比较大，白天几乎将全部的精力都放在学习上了，因此大脑也会比较疲劳。夜晚睡觉时，也就睡得比较熟。有时在熟睡时需要排尿，却因为过度疲劳而无法醒来，于是便尿床了。

当然，除了以上几种原因之外，膀胱功能发育不成熟也是一个重要原因。

专家支招

一般来说，青春期里的尿床并没有什么可怕的，多是正常的，因此男孩也不必过于紧张，只要在平时的生活中多加注意即可。

① 睡之前切忌喝过多的水

多喝水对身体有好处，尤其是夏天，出汗比较多，多喝水能补充身体水分。但是要提醒各位男孩子的是，在晚上睡觉之前要避免喝过多的水。一是容易引起浮肿，二是喝水过多排尿也就相对较多，容易尿床。

② 保持精神情绪放松，避免白天过度劳累

不管是学习，抑或是做其他的事情，都要注意适度休息，避免白天过度劳累。另外还需要注意的是，尽量保持精神和情绪放松、愉悦，这样也就能避免夜晚睡觉睡得过于沉熟，以至于想排尿时也清醒不了。

小贴士

经常尿床的话，需不需要到医院就诊？

青春期男孩偶尔尿床是正常现象，但是如果尿床比较频繁的话，就需要到医院去检查和治疗了。对此，男孩子不要觉得不好意思。相信医生会根据检查的结果，制订最适合你的治疗方法，从而帮助你解决尿床问题。

第二章

私处，一个羞答答的问题

青春期的男孩子面临的另外一个尴尬就是关于私密处的一些疑惑，一个个羞答答的问题让男孩备受“折磨”。这一章主要针对这些让男孩感到害羞的问题进行解答，让男孩了解一些必要的生理常识，从而更懂得善待自己，也能更加积极、健康、快乐成长！

私密处到底是怎样的呢

彻底了解你的生殖器官

青春期来了，身体上的变化也多了，尤其私密处的变化，更是让我们好奇不已。问家长吧，觉得特不好意思；不问吧，又非常好奇。私密处到底是怎样的呢？男孩的生殖器官又是怎样的？真的好想了解。

男孩的烦恼

① “小弟弟”跟以前不一样了，怎么回事

东子： 最近一段时间忽然发现自己的“小弟弟”好像跟以前不大一样了，变大了，也比以前粗了。都说“小弟弟”是男孩子的生殖器官，可是男孩子的生殖器官到底是怎样的呢？私密处又是什么具体构造呢？

② 我很好奇，可是又不好意思自己研究

华阳： 我也发现自己下体好像有所变化了，其实我真的非常好奇我的私密处到底是啥样的，可是自己又不好意思研究，更不好意思问父母。我想其他男孩子也和我一样很好奇吧！

③ 男孩的生殖器到底都包括什么呢

少飞： 今天洗澡的时候我看了一下自己的下体，有“小鸡鸡”，还有两个“蛋蛋”，这两部分都是生殖器吗？生殖器又包括什么呢？具体情况是怎样的呢？这一系列的问题在我脑海中不停地跳动，谁能告诉我准确的答案呢？

科学解析

男孩的生殖器即指男性的生殖系统，由内、外生殖器两个部分组成。外生殖器包括

阴囊和阴茎；内生殖器包括生殖腺（睾丸）、输精管道（附睾、输精管、射精管、尿道）以及附属腺（精囊、前列腺和尿道球腺）。男性生殖器青春期开始发育，发育成熟后即具有了生殖功能。下面就给男孩子们详细解释一下：

（1）阴茎

阴茎就是男孩子们俗称的“小弟弟”“小鸡鸡”，它分为根部、体部以及头部三部分。阴茎的根部固定在身体的会阴部；阴茎前段膨大的部分形成阴茎头，俗称龟头；阴茎头部与体部交接的、较细的部分为颈部，呈现为环形沟状，又称冠状沟。阴茎有两种状态，未勃起时呈圆柱状，勃起时呈三角菱形圆柱状，长度可大大增加。阴茎外面有包皮，覆盖着阴茎头。

（2）阴囊

阴囊是一个皮肤囊袋，在阴茎的后下方。阴囊的皮肤比较薄而且很软，有丰富的汗腺、皮脂腺。阴囊壁由皮肤和肉膜组成，含有平滑肌纤维，并有结缔组织和弹性纤维。阴囊可以保护藏在阴囊中的睾丸，为精子产生提供条件。阴囊中隔将阴囊腔分为左右两部分，容纳两侧的睾丸和附睾。

（3）睾丸

睾丸就是男孩子常说的“蛋蛋”，它是产生精子和分泌雄性激素的器官。雄性激素从这里产生后，通过血液循环传递到全身，维持男性性功能，促进并维持男性的第二性征。在睾丸的后外侧，呈扁平状的是附睾。附睾是储存精子的，同时也是把精子输送到体外的通道。

（4）输精管

输精管属于内生殖器，一端与附睾相连，另一端开口在尿道，长约35～45厘米，外径在2毫米左右，内径细小，不到1毫米。输精管是成熟精子从附睾输送出体外的唯一通道。

（5）精囊

精囊形似梭状，长约5厘米，左右成对，位于膀胱底部，腹膜外面。精囊的排泄管与输精管会合成射精管，射精管穿过前列腺，开口于尿道的前列腺部。精囊的作用是能分泌便于精子运动的黏液，是精子运动的“润滑剂”。

以上就是男孩子生殖器的主要组成部分，如果想更好地了解的话，可以从正规渠道找一些这方面的图片，结合图片对自己的生殖器有个更好、更清晰的认识和了解。

专家支着

在了解了自己的生殖器后，男孩子就要注意保护自己的生殖器，可以参考以下两点：

① 注意私密处的卫生

生殖器由于比较特殊，因此也比较脆弱，容易滋生细菌。男孩子要多注意私密处的卫生，有条件的话天天洗澡，勤换洗内裤。如果洗澡不方便，可以用温开水清洗自己的私密处，可以用手翻开包皮，轻轻清洗阴茎。

② 进行激烈运动时要注意安全

男孩子一般都比较喜欢运动，在进行运动的时候，尤其是一些比较激烈的运动时，一定不能忘了安全。因为稍有不注意，就可能会伤到自己的生殖器官。这一点，男孩子们要牢记。

小贴士

因为害羞，不愿意面对自己私密处，怎么办？

青春期的男孩子是大孩子，会比较在意自己的形象，因此会因为害羞而不愿意面对自己的私密处。其实只要抱着正常、科学的心态去对待，就像了解自己手、足、耳等部位一样，去积极面对和认真了解，就不会再觉得害羞，同时也更有助于了解自己的身体构造。

我的“小弟弟”比别人的小

阴茎多长才正常呢

青春期虽然美好，可是也出现了一系列让人烦恼的事情。尤其是身体上的一些问题，更是影响我们的情绪，继而影响学习和生活。最近发现我的“小弟弟”好像比别人的都要小，这是不是不正常呢？那么阴茎多长才算正常呢？

男孩的烦恼

① “小弟弟”太“小”，让我很自卑

陈淼：昨天去学校的公共浴池洗澡，无意中发现自己的“小弟弟”居然比别人的都小，甚至那些个子矮的同学的“小弟弟”都比我的大。这让我非常自卑，也非常没面子。结果，澡没洗完就出来了。我再也不愿意到公共浴池洗澡了。

② 我的“小弟弟”正常吗

江枫：有一次宿舍的哥们儿在一起聊起了“小弟弟”，我都不好意思插嘴，因为我一直感觉我的“小弟弟”好小，也不敢轻易在宿舍的哥们儿面前露出来，就算去厕所，我也是独自一人去。我现在很担心我的“小弟弟”不正常。

③ “小弟弟”总是歪向一边，会不会不正常

展辉：最近我注意到自己的“小弟弟”总是歪向一边，这让我很担心是不是不正常了？再加上和别人比，我的“小弟弟”也不大，这更让我觉得它肯定有问题了。因为这个问题，我最近很烦恼。

科学解析

青春期前没有发育成熟的阴茎不大，这一点男孩子自己也知道。经过青春期发育成熟的阴茎，在平时疲软的时候，长度会有7～9厘米。但是阴茎的粗细长短也不可定论，

因人而异会有不同。

（1）阴茎在青春期显著增大就是正常的

阴茎是由海绵体组成的，因此具有很大的胀缩性。所以，尽管阴茎在疲软状态下看起来长度差异很大，但是在勃起之后的差异就很小了。因此，只要阴茎在青春期之后显著增大就是正常的，相对小一点也是正常的。

（2）阴茎大小是相对比较而言的

阴茎大小是相对比较而言的，的确有大有小，这就跟人有高矮、手脚有大小之分一样，也有差异性。阴茎的大小长短有种族差异和个体差异。因此青春期的男孩没必要因为自己的阴茎比别人的小，就觉得自己不正常。

（3）阴茎大小与是否有男子汉气概无关

有的男孩可能会认为阴茎大的男性勇敢，更有男子汉气概；还认为，阴茎大小与身材是否高大，肌肉是否发达有关，等等。其实这些都是毫无科学道理的，阴茎大小与这些都是没有任何关系的。

每个男孩进入青春期的年龄不同，发育情况也会有所差别，所以同龄的男孩子，阴茎的长短和粗细也会有些不同，这些都是正常的，男孩子们也无须过分担心。

专家支着

那么男孩子该如何正确对待自己的“小弟弟”呢?

① 保持轻松的心态

青春期是男孩子发育的关键时期，在这一时期，任何的情绪波动都会影响男孩子的心态，继而影响身体发育。因此，男孩不要过分在意自己的“小弟弟”是大是小，而是要保持客观、理性的态度，保持一份轻松的心态，将注意力多放在其他有意义上的事情上，以更好地度过自己一生中的美好时期。

② 如果非常罕见短小的话就去医院做个检查

阴茎过于短小，即真正的小阴茎是非常罕见的，但是也不能排除不会发生在男孩身上。如果觉得自己的阴茎真的过于短小的话，男孩一定要及时到医院做个检查，然后通过医生的帮助去解决。

小贴士

为什么“小弟弟”看起来是歪的?

阴茎是由三条海绵体组成的，如果勃起时三条海绵体的充血程度不同，就会使勃起的阴茎偏向一侧或者向上翘，并不一定呈90°角；而阴茎变软后，由于阴茎海绵体疲软程度不同，也不一定就指向正下方。这些都是正常现象，男孩子没必要担心。

“小弟弟”真是太让我难堪了

在公共场合勃起怎么办

已经知道青春期“小弟弟”会有所成长和变化，可是让我们难堪和不能接受的是，“小弟弟”有时候会在公共场合勃起，尤其夏天的时候，穿的也薄，“小弟弟”不礼貌地支起“小帐篷”让我们非常尴尬和难堪。

男孩的烦恼

① 看到电视里的亲热镜头，“小弟弟”很兴奋

铁蛋儿：昨天表哥来家里玩，我陪着他一起看电视。当电视里出现男女在一起亲热的镜头时，我的“小弟弟”变得十分兴奋，并且还不由得勃起了。因为当时我只穿着一条薄薄的短裤，所以坐在我旁边的表哥肯定也看见了。现在想起来，还觉得十分丢人。

② 逛街看到美女的时候勃起，羞死了

赵岩：今天和哥们儿逛街，走着走着哥们儿捅捅我："看对面那个美女，穿着真性感。"我顺着他手指的方向看过去，果然是一个大美女，穿着超短裙和吊带衫。就在这时，我的"小弟弟"突然莫名地勃起了，真是羞死了！

③ "小弟弟"在公共场合勃起，我该怎么办

小刚：最近感觉自己的"小弟弟"勃起很频繁，并且还都是在公共场合，看到漂亮的女孩会勃起，看到大街上搂着肩膀的情侣会勃起……这让我非常尴尬，甚至我觉得自己很邪恶，我是个坏孩子吗？我又该怎么办呢？

科学解析

阴茎勃起完全是男孩子的一种本能，它是由一系列的反射活动引起的，不是人的意志可以控制的。一般勃起是因为性冲动，但也有其他原因引起的勃起，比如憋尿，自己或其他人无意中碰到阴茎等。而处于青春期的男孩的阴茎勃起的确比较频繁，包括在公共场合。至于原因，也有以下两点：

（1）生理作用

进入青春期后，男孩子体内的雄性激素会逐渐增多，在身体发育并具备性能力的同时，性意识逐渐觉醒。因而对性刺激也就十分敏感，一旦接触有关性的刺激，身体就很容易出现反应，也就是阴茎勃起。当大脑皮层产生兴奋，这种兴奋通过神经纤维作用于阴茎海绵体，使动脉血管扩张，静脉血管收缩，从而使流入阴茎海绵体的血液增多，流出的血液减少，最终使留在海绵体内血管和血管中的血液增多，从而使阴茎勃起。

（2）心理作用

男孩子进入青春发育期后，会产生一定的性要求，当受到有关性的刺激，比如对异性的爱慕，看到电影、电视、书刊上关于爱情或性情节的描写等，也会促使大脑皮层产生兴奋，继而引起阴茎勃起。

青春期的男孩子受到性刺激而导致阴茎勃起是正常现象，男孩子也完全不必为此而担忧。

专家支着

虽然说青春期的阴茎勃起是正常现象，但是在公共场合勃起确实会让很多男孩子尴尬、难堪，甚至被他人误会。为了减少这种情况的发生，男孩子又该注意什么呢？

① 放松心情，并转移注意力

当阴茎勃起时，越是注意它，想让它立即疲软，性兴奋越不容易消失，甚至反而会更硬。因此遇到这种情况的时候，男孩子首先要让自己心情放松，尽量做到不慌不忙，并试着转移自己的注意力，想想其他的事情，以便转移自己的兴奋点。当注意力不在自己的阴茎上了，大脑皮质兴奋中心就会随之转移，性兴奋中枢就会出现抑制，勃起自然也就随之消失。

② 洁身自好

为了避免勃起在不合时宜的场合发生，平时要不穿过紧的内裤，注意清洁阴茎包皮，以减少刺激。多把时间和精力放在有意义的事情上，比如学习和体育锻炼，不要沉湎于性幻想、性读物或者性视听材料中。

以上两种方法只要男孩子做到了，就可以在很大程度上减少自己的“小鸡鸡”在公共场合勃起的频率。

小贴士

阴茎勃起会变硬，里面是有骨头吗？

“小弟弟”勃起的时候，会变得很硬，而勃起的阴茎也通常被形容为“有骨头的东西”，因为那时的阴茎感觉就好像有一根骨头在里面。其实，阴茎里面并没有什么骨头。

早晨老有硬邦邦的感觉

晨勃是怎么回事

青春期是男孩秘密和疑惑最多的时期，这一点，我们也已经深刻体会到了。这不，现在新的问题又来了，那就是早晨起来老有硬邦邦的感觉。都说有性刺激了“小弟弟”才会勃起，可是早晨起来没有任何刺激，为何还会勃起呢？

男孩的烦恼

① 我真的没有思想不纯啊

张磊：今天早上妈妈叫我起床，我迷迷糊糊的，只是含糊答应了一声。没想到妈妈居然推门而入，并且又大声喊我的名字。我这才一下子清醒过来，但是尴尬的一幕发生了：我的“小弟弟”居然勃起了，吓得我赶紧拿被子盖上了，生怕被妈妈看见。我真的没有思想不纯，为什么会这样呢？

② 烦恼，最近“小弟弟”越来越不像话

小熊：最近一段时间，“小弟弟”总是在清晨自己勃起，可是我什么也没想啊，这“小弟弟”真是越来越不像话，让我烦恼死了。刚开始以为是裸睡造成的，可是我不裸睡了之后依然是这样。该怎么去解决这个问题呢？我很苦恼。

③ 不仅早晨勃起，夜间有时也勃起

李旭：昨天夜里我起来上厕所，发现自己的“小鸡鸡”居然勃起了，这不禁让我大吃一惊。原本以为只有早晨会勃起，没想到夜晚也会勃起，这简直太让我惊讶和难以理解了！同时，我也担心自己是不是有什么毛病，要不为啥夜间和早晨都会勃起呢？

科学解析

晨勃是指男性在清晨4点到7点阴茎在无意识状态下自然勃起。晨勃是性功能正常的

表现。对于青春期的男孩子来说，晨勃也是正常的生理现象。至于为什么会晨勃，也没有确切的定论，大致来说是由以下原因引起的：

（1）勃起中枢兴奋

人在睡觉时，大脑皮层处于抑制状态，失去了对低级性中枢的控制。引起阴茎勃起的中枢就属于这种较为低级的中枢，勃起中枢兴奋性得以自由表达，从而出现夜间多次勃起现象。这种现象在晨间清醒前膀胱中尿液充盈时更为明显。憋尿时，膀胱充盈导致膀胱内内压增高，从而刺激阴茎勃起。

（2）青春期

处于青春期的男孩子性意识逐渐苏醒，也更为敏感，因此也属于晨勃的多发期。这种自发的生理现象是不以人的意志为转移的，随着年龄的增长，阴茎勃起的次数和时间都会逐渐减少。

另外，男性在身体状况较差的时候，比如患病、劳累时，“清晨勃起”会减弱或者消失，而身体康复之后，又得以恢复。因此，“清晨勃起”也可作为男性健康状况的参考指标。对于正处于青春发育期的男孩子，不必为这种勃起忧心忡忡，这不仅不是异常，反而表明发育正常、健康。

专家支着

知道了晨勃是青春期男孩正常的生理现象之后，男孩子们又该怎么去做呢？

① 养成良好的作息习惯，保证充足睡眠

青春期是男孩身体发育和成长的关键时期，在这一时期一定要养成良好的作息习惯，尽量晚上不熬夜，每天最少保证8个小时的睡眠。

② 不要憋尿

有些男孩子会有憋尿的不良习惯，比如夜里不愿意下床上厕所，或者早晨因为赖床想多睡会儿，即使有尿意也憋着。这其实是非常不好的习惯，有憋尿习惯的男孩子应该立即改正。早晨醒来之后，如果有晨勃，可立即去小便，阴茎也会立即松软下来。

③ 多参加体育锻炼

男孩子不妨在学习和生活之余，多参加一些体育锻炼，一来强身健体，二来也能够放松自己的精神。尤其是在青春期，情绪波动很大，比如易怒、易躁等，这些都会影响男孩子正常的发育。因此，可以通过参加体育锻炼的方式去放松自己的身心，以更好地度过这一人生的关键时期。

小贴士

有时候夜间也会勃起，这也是正常的吗？

每个男孩子在正常的夜间睡眠中，都会经历阴茎勃起—疲软—再勃起—再疲软的生理过程，医学上称之为“阴茎夜间勃起”。青春期的男孩子，每夜大约勃起4～6次，每次20～30分钟，总共勃起时间大约为2.5小时。夜间勃起和晨勃都属于正常现象，无须为此担忧和烦恼。

我的“蛋蛋”一大一小

睾丸不一样大怎么办

随着身体发育得越来越快，不仅“小弟弟”在迅速成长，就连曾经很不起眼的“蛋蛋”也逐渐增大了起来。虽然明白这是青春期发育的原因，可是我们还是对此出现了疑问：“蛋蛋”一大一小正常吗？

男孩的烦恼

① 天哪，我的两个“蛋蛋”居然大小不一

穆圣：和其他同龄人相比，一直觉得我的青春期很不错，几乎没什么让我烦恼的事

情。可是这几天，烦恼却忽然出现了：我无意中发现我的两个“蛋蛋”大小不一样。刚开始我以为自己看错了，可是细细观察之后真的是一大一小：左边的小，右边的大。虽然相差不是很大，但是也挺让我烦恼的。

② 我该怎么办？心里好害怕自己有什么毛病

臭子：最近我被一件事折磨得快要疯掉了，并且这件事还难以启齿，那就是我的两个“蛋蛋”大小不一样。右边的明显要比左边的大一点，我不知道这是正常的发育还是我身体有什么毛病。因为现在都已经14岁了，这种事也不愿意和父母说，更不好意思到医院去检查。我到底该怎么办呢？

③ 我很自卑，不愿意发言

铃铛：我读的是寄宿制学校，现在年龄大一些了，舍友们在宿舍都会说一些男孩子在青春期的变化。昨天他们说到有关“蛋蛋”的事，这让我很自卑，也很害羞，更不愿意加入他们的讨论中。之所以这样，是因为我有自己的难言之隐：我的两个“蛋蛋”大小不一，我怕说出来会被他们笑话。

科学解析

男孩子所说的“蛋蛋”即指男性的睾丸，它是男孩子重要的身体器官，也是生殖器官之一。睾丸承担着分泌雄性激素的任务——这关系到男孩子的第二性征发育、维持男性生理功能等至关重要的因素。下面就带领男孩子详细了解一下睾丸：

（1）正常男性睾丸的发育

正常的男性有两个睾丸，分别位于阴囊左右两侧。睾丸呈卵圆形，色灰白，被包裹于阴囊之内。一般来说，男孩子在刚出生时，睾丸大约有一颗花生米那么大，“沉睡”在每个男孩的身体中。进入青春期后，睾丸被“唤醒”，会长到鸽子蛋那般大小，之后还会随着青春期身体的发育继续增长。

（2）成人的睾丸

成人的睾丸长约4.5厘米，宽约2.5厘米，厚约3厘米，其大小随年龄、个体以及种族的不同有明显的差异。医学上通常用睾丸的容积作为度量单位，一般亚洲正常男性的睾丸容积为10～35毫升。

（3）关于睾丸的大小不一问题

一般左侧的睾丸要比右侧的睾丸低约1厘米，而右侧的略大于左侧的。左侧的睾丸较右侧的低，是因为左侧的精索通常比右侧的长，而且左侧阴囊内的精索静脉容易曲折，使该侧阴囊比较肿大，因此常常使人错认为左侧的睾丸比右侧的睾丸大。

只要两个睾丸的大小差别不是特别大，一般都是正常的，男孩子也没必要为此担心。

专家支着

睾丸对男孩子非常重要，一定要尽力保护好，不要让其受到伤害，而睾丸的保护其实也很简单。

① 穿衣上

不要穿过紧的内裤，尽量少穿牛仔裤，以保持下身的通风和干燥，使得睾丸有一个轻松的环境，从而发挥最大的生理功能。

② 体育锻炼的时候

男孩子一般都比较好动，在体育活动或者劳动操作中，骑跨动物时，打闹时，都有可能对睾丸造成威胁，因此一定要积极地进行保护，避免睾丸受到伤害。

总之，男孩子应该尽可能地呵护自己的身体器官，不能玩起来就忘乎所以，任何时候都要有保护自己身体器官的意识。

小贴士

听说睾丸是产生精子的器官，是吗?

睾丸是男性的性腺，是产生精子和男性性激素的器官，睾丸正常与否主要看它的功能是否正常，而不在于它的大小。如果睾丸大小相差特别明显的话，应该找医生及时进行检查和治疗。

一边的“蛋蛋”不见了

隐睾是怎么回事

终于明白“蛋蛋”一大一小稍微不同是正常的，这个烦恼是解除了，可是有关“蛋蛋”的另外一个问题又来了：一边的“蛋蛋”不见了，这又是怎么回事呢？这总不能也和一大一小一样是正常的吧！

男孩的烦恼

① 丢人，只剩下一个“蛋蛋”了

大鹏：丢死人了，丢死人了，我现在都不想见人了！怎么办？我的“蛋蛋”只剩下一个了，另外一边的不见了！虽然只有我自己知道，可是还是会别扭。尤其现在去公共厕所，我都不愿意去，生怕被别人看见笑话我！

② 奇怪，怎么只剩下一个“蛋蛋”了

立强：该死的青春期，总是让我有这么多的烦恼！自己的一个“蛋蛋”突然不见了，这下可糗大了！昨天跟哥们儿一起上厕所小便，还被他发现了。结果一整天都被他笑话，还不住地小声悄悄问我怎么回事！我还纳闷呢，这到底是怎么回事啊？

③ 我担心自己发育有问题，好烦恼

南豆：都说青春期是各种烦恼的多发期，我现在真算是体会到了。我现在最为烦恼的就是我的一只“蛋蛋”不见了，我听说这是隐睾。可是隐睾究竟是怎么一回事我也弄不清楚，我越来越担心自己的发育有问题，好烦恼！

科学解析

隐睾是指男婴出生后单侧或者双侧睾丸未降至阴囊而停留在其正常下降过程中的任

何一处。也就是说阴囊内没有睾丸或者仅一侧有睾丸。一般患有隐睾的男孩都无任何症状，小时候或者成年后发现一侧或者双侧阴囊空虚，体检未发现睾丸。关于隐睾，男孩子要了解以下方面：

（1）隐睾包括的范围

一个正常的男性，无论是成年还是小孩，都可以在阴囊里摸到两个睾丸。凡是睾丸不在阴囊内的均称为隐睾，其中包括睾丸下降不全和睾丸异位。睾丸下降不全是指睾丸在下降过程中停留在某一个部位，最常见的是停留在腹股沟管内、外环附近或腹腔内；而睾丸异位是指睾丸不在正常的下降途径上，而是出现在其他部位，比如在大腿的内侧、会阴部或者股三角处。

（2）造成隐睾的原因

导致隐睾的原因主要表现在两个方面：内分泌的因素可能是睾丸分泌雄性激素延迟或数量不足，靶器官对雄性激素不敏感等；解剖学因素可能是睾丸系带过短，睾丸周围组织粘连，精索血管或者输精管过短，腹股沟狭小，阴囊发育不良等。

（3）隐睾的危害

隐睾的危害是影响睾丸的发育，睾丸容易受外伤，易扭转。尤其是对于青春期的男孩子来说，正处于情绪不稳定、心理不成熟的时候，隐睾极易给其造成很大的心理压力，继而影响其正常的学习和生活。

专家支着

隐睾对男孩的发育乃至以后的生活都有着非常消极的影响，那么当男孩子发现自己一边的“蛋蛋”不见了的时候又该如何去做呢？

① 保持情绪稳定，及时告诉家长

一般来说，隐睾越早治疗越好。但是可能因为种种原因，男孩子和家长都忽略了。因此，一旦发现自己一边的“蛋蛋”没有的话，要立即告诉家长。同时也不要过分焦虑，而是要保持情绪稳定，减少心理压力。

② 马上到医院就诊

青春期隐睾的男孩子，一经发现应立即到医院就诊，及时进行睾丸下降固定术，如果发现睾丸已经萎缩或者不能下降引入阴囊，必要时可施行睾丸切除手术。总之，对于隐睾，医生会根据患病的不同制订科学、合理的治疗方案，男孩子们应该积极配合医生的治疗，尽可能做到放松身心。

对于隐睾，男孩子在科学认识和理解的基础上，更应该遵从医生的安排和治疗，千万不要在发现之后因为害羞或者其他原因就拒绝治疗。只有尽早寻求医生的帮助，才能更好地保护自己，将伤害降到最低。

小贴士

隐睾治疗的最佳时间是什么时候?

隐睾的治疗原则是越早越好，1岁内的小儿通过一些药物的治疗有可能使睾丸降入阴囊；到了2岁仍然不能下降入阴囊，则要考虑手术治疗。资料显示，在2岁以前手术对睾丸的生精能力没有太大影响，超过4岁则会明显影响，超过8岁则会严重影响，如果超过12岁即使做了手术，睾丸的生精能力也很难恢复。因此，隐睾下降固定术应在2岁前进行。

它竟然能软能硬

为 什 么 睾 丸 会 变 硬

阴茎在受到刺激的时候会变硬，但让我们惊讶的是，睾丸竟然也能软能硬。原来一直以为睾丸就是软的，可是后来发现它有时候也会变硬。疑惑的同时更让我们这些处于青春发育期的男孩子担心：这不会是不正常的吧？

男孩的烦恼

① “蛋蛋”好像在冬天就比夏天硬了

毛毛：我好像发现了一个现象，冬天的时候我觉得自己的睾丸变得特别硬，不像夏天时候那么柔软了，但是也没有酸痛或者其他异样的感觉。这是正常的吗？如果是，那么睾丸为什么会在寒冷的冬天变硬呢？

② 睾丸突然变硬变大，一碰还有些疼，怎么回事

皮球：最近忽然觉得自己的睾丸比以前大了，也比以前硬了，用手轻轻一碰还有些疼痛。这不会是患了什么疾病吧？我问过其他同龄的男孩，也有几个和我情况一样。可是由于害羞，我们都不好意思跟父母说，也不愿意去医院检查。

③ 睾丸变硬，还有坠胀感

苗杰：最近总是觉得一侧阴囊有些隐痛，并伴有坠胀感，疼痛还常牵扯到下腹部以及同侧腹股沟。我用手轻轻摸了摸，感觉附睾有不同程度的增大变硬，有轻度压痛。唉，青春期就是麻烦啊，因为这个我都快郁闷死了！

科学解析

在男孩的意识中，睾丸一般都是软的，但是为什么它有时候也会变硬呢？导致青春期男孩睾丸变硬的原因也是各不相同的，下面就一起来了解一下：

（1）天气原因

一般来说，冬天的时候，男孩子的睾丸会比夏天的时候硬一些。这是因为冬天气温下降，身体也容易受凉，一旦身体受凉，就会导致全身血管收缩，这种变化就类似于物理上的热胀冷缩。而遇到寒冷，阴囊就会缩小，以达到保温的效果。睾丸的血管也可能会收缩，因此睾丸便比夏天时候硬一点了。

（2）疾病原因

疾病原因也会引起睾丸变硬变大，最典型的就是睾丸炎。常见的睾丸炎有非特异性

和腮腺炎性睾丸炎。病菌多为大肠杆菌、链球菌、葡萄球菌以及绿脓杆菌。睾丸炎又分为急性睾丸炎和慢性睾丸炎。急性睾丸炎多见于中青年和儿童，一般是由泌尿系统感染和前列腺精囊炎等并发以及前列腺切除引起的。发病比较急，全身症状明显，伴有寒战，患侧阴囊疼痛，皮肤紧胀、红肿、尿急、尿频，压痛明显，可并发鞘膜积液；而慢性睾丸炎可由急性迁徙而来，也可无急性期。因长期轻度感染而形成，临床表现为局部不适，附睾呈均匀轻度增大、发硬与皮肤不粘连、输精管正常或稍微发硬。

专家支着

在了解了睾丸变硬的原因之后，很多男孩可能会继续发问：对于睾丸变硬，我们又该怎么办呢？

① 如果只是因为受凉引起的睾丸变硬，要注意保暖

一般来说，冬天睾丸比夏天稍微硬是正常的。但是为了更好地保护自己的睾丸，男孩子在冬天一定要注意保暖。青春期的男孩子都比较注重形象，也比较爱美，因此即使在寒冷的冬天也常常要风度不要温度。对此，在寒冷的冬天，千万要把温度放在第一位，注意保暖，尽量避免身体受凉。

② 如果是疾病引起的，一定要及时到医院治疗

青春期的男孩子伴随着生理的变化，心理也会发生一些微妙的变化，比如自尊心比较强、比较敏感等。因此，面对这种问题的时候，可能会因为害羞、不好意思而讳疾忌医。对此，男孩子们一定要改正。要知道，无论何时，身体健康是最重要的，如果因为这个原因不及时到医院进行医治的话，只会使病情加重，严重影响身体的健康发育，最终给男孩子的身心都带来更大的危害。所以，对于疾病引起的睾丸变硬变大，男孩子一定要及时到医院进行治疗。

另外，男孩子在平时还要注意保护自己的睾丸，尤其是在运动的时候，避免因剧烈运动伤害到睾丸。

小贴士

听说睾丸受伤后会影响以后结婚生子，真的吗?

一般来说，睾丸的再生能力极强，它天生有一种自我保护的能力，受到撞击时，会反射性地收缩并紧贴到会阴处。所以只要不是特别大的伤害，一般都没事。但是如果睾丸受到的外力刺激比较大、比较重，并长期使其收缩、提升，长期处于不正常的位置时，睾丸会扭转并使血管扭曲、血液供应中断等导致睾丸组织坏死，对生理功能也会造成永久性伤害。

郁闷，龟头露不出来

这就是传说中的包皮包茎吗

青春期的烦恼还真是一个接一个的，这不，又一个烦恼来了。这次是关于“小弟弟”的，“小弟弟”的头露不出来，听说这是包皮包茎，难道真的是吗？对于这个问题，我们现在是相当地好奇啊！

男孩的烦恼

① 郁闷，龟头总露不出来，怎么回事

二蛋：青春期来了，“小弟弟”开始发育了，可是问题也来了，最近注意到我的龟头似乎真成了“缩头乌龟”，一直都藏在里边不肯出来。这让我不由得开始担心，听说正常的龟头在勃起的时候会露出来，那我这是不是有问题啊?

② 听说龟头露不出来必须要做手术，是吗

恩恩：以前听说过有的男孩子的龟头露不出来，因此必须做包皮切除手术。现在我发现自己的龟头好像也没露出来，难道这就是传说中的包皮包茎吗？那我是不是也得必须做包皮切除手术啊？一想到这个问题，我就既担心又害怕。

科学解析

很多青春期的男孩都会面临一个尴尬的问题：自己的包皮过长，龟头不能露出来。这也让很多男孩都烦恼不已，同时对包皮包茎也多了一份好奇，下面就带领男孩子们具体了解一些有关包皮包茎的问题：

（1）包皮包茎是怎么回事

一般来说，在青春期男孩子的阴茎生长明显加快，龟头开始膨胀，勃起时龟头很自然地露出来，将包皮翻向后方，包皮将不再完全覆盖龟头，并且能够很轻易地拉到龟头后面去。但是也有些男孩子到了青春期后，包皮仍然完全覆盖在龟头上，使阴茎头不能显露出来，这就是所谓的包茎或者包皮过长；如果包皮无法往后拉以至于不能显露出全部的阴茎头时，则称为完全性包茎。

（2）包皮过长的危害

男孩子进入青春期后，阴茎包皮的分泌作用增强，分泌物会在阴茎头和包皮之间形成一层白色污垢，称为包皮垢。如果包茎或包皮过长，会使包皮内的分泌物不能排除。包皮垢特别适宜各种细菌滋生，很容易引起包皮和阴茎头发炎。另外，还可诱发遗尿症，严重者甚至出现阴茎头坏死，诱发阴茎癌。并且，如果青春期包茎不能及时治疗，阴茎头会长期被包皮紧锁，致使阴茎发育不良，并在成年后影响正常的性生活。

由此可见，包皮包茎对男孩子的正常发育还是有一定影响的，因此在成长的过程中，男孩子要注意这些可能出现的问题。

专家支着

那么对于包皮包茎，青春期的男孩子又该如何去正确对待呢？

① 关于包皮手术

包皮是覆盖在阴茎头部的双层折叠的皮肤，有很大的神缩性。包皮过长与包茎不同：一是它不会影响阴茎发育和勃起充血的程度；二是它不会造成包皮嵌顿，所以没有必要施行包皮环切手术，将多余的包皮去掉。但是如果局部污垢较多，已经引起包皮与阴茎头部粘连、遗精次数增多等症状，则需要施行包皮环切手术。

② 对于完全性包茎应进行手术

包皮完全覆盖在龟头上，不容易翻出来清洗，日积月累很容易形成包皮垢，因此不如直接把包皮切除掉。另外，如果用蛮力向后翻包皮，包皮环就有可能卡在冠状沟，从而压迫阴茎上的静脉血流，引起阴茎远端水肿、疼痛甚至排尿困难，应手术将包皮切开。

③ 包皮切除手术后应注意的事项

包皮切除手术非常简单、平常，通常只要30～40分钟就可以完成，一般专科医院都可以做。做完包皮切除手术后，应注意避免激烈的碰撞，稍微休息几天，就可进行正常的活动和学习。青春期的男孩子正处于发育的高峰期，新陈代谢的速度和肌肉的再生长能力都很强，手术后很快就会痊愈。

小贴士

阴茎头包皮炎有哪些具体症状?

具体表现为包皮以及龟头红肿、痛痒，可见粟粒样疹点，表面有奶酪样的分泌物，或者糜烂而形成溃疡，表面有脓性分泌物。所以男孩子平时一定要经常清洗包皮，注意个人卫生。

第三章

性

它是个什么东西

进入青春期，随着生理的变化以及第二性征的出现，男孩的性意识也会逐渐苏醒。在这一段时期，他们会对性产生各种各样的疑问和好奇，并且也会产生一些与性相关的困扰，如做性梦、遗精等。这一章通过解答有关性的问题，让男孩对性有一个客观、理性的了解和认识。

总是想些不该想的

出现性幻想怎么办

青春期是人一生中最美丽的时期之一，也是多梦的时期。青春期到来之后，男孩子们的性意识渐渐觉醒，开始有心仪的女孩，也会忍不住想一些不该想的事情，比如性幻想。对于青春期的男孩子来说，出现了性幻想该怎么办呢？

男孩的烦恼

① 完了，我成流氓了怎么办

小姚：完了完了，我真要疯了！最近不知道怎么回事，总是忍不住想一些很"淫秽"的事情，比如会幻想和自己喜欢的女孩拥抱、亲吻等，尤其是在看到这方面的情节、画面的时候，心里更是忍不住胡思乱想一番。要知道，我可是家长和老师眼中的好孩子啊，怎么能想这些事情呢？我真害怕自己会成为他人眼中的流氓！

② 我简直太邪恶了，真受不了自己

亚楠：我特别喜欢一个年轻、漂亮的女明星，不仅搜集了很多她的照片、海报、贴纸，还把她的很多照片都贴在自己的卧室里。可是这几天不知道为什么，躺在床上一看到她的照片，我都会忍不住想入非非，甚至还会幻想自己和她做那种事情。我觉得自己太邪恶了，真受不了自己了！

③ 一看到亲热画面我就幻想自己是主人公

占强：最近真是邪门了，不管是看电影、电视剧的时候，还是看小说的时候，只要看到那种亲热的画面和描写，我的"小弟弟"就会有所反应，然后我又会忍不住幻想自己就是里面的主人公。我知道这样不好，可是有时候似乎很难控制自己。

科学解析

进入青春期后，许多男孩都会出现性幻想。所谓性幻想，又称为性想象或性爱白日梦，是指人在清醒状态下对不能实现的与性有关事件的想象，是自编的带有性色彩的“连续故事”。处于青春期的男孩对异性爱慕很强烈，因此极易出现性幻想。关于性幻想，男孩子应该有以下几个认识：

（1）青春期性器官发育引起男孩性幻想

进入青春期后，男孩的性器官开始发育成熟，自然会对异性产生爱慕情绪，但是又不能发生性行为，只好以性幻想的形式发泄和满足自己的性欲望，于是就会把自己曾在电影、电视或者书籍中看到的一些片段凑在一起，经过重新组合，虚构出自己与爱慕异性在一起的情形。

（2）男孩子在性幻想时候的“变化”

当男孩开始性幻想后，会随着自己的幻想过程而逐渐进入角色，还伴有相应的情绪反应，可能激动万分，也可能伤心落泪。一般情况下，男孩的性幻想会在闲暇时间或者上床后刚开始一段时间出现。部分人可导致性兴奋，有些男孩甚至会射精，有的还伴有手淫的出现。

（3）适度的性幻想是正常的

根据调查，大多数青春期的男孩都会出现性幻想。其实性幻想并没有错，也不是什么可耻的事情。这不但对人的身心健康没有伤害，还能在一定程度上满足男孩子的心理欲望。但是如果经常出现以幻觉代替现实的情形，则可能会导致病态，不仅影响学业和正常的人际交往，还会影响正常的心理发育，甚至因为一时冲动做出“傻事”。

总而言之，性幻想是每个青春期男孩都会经历的事情，只要科学去理解和认识，它并非是一件邪恶、肮脏的事情。

专家支着

虽然说适度的性幻想是正常的，但是男孩还是应该注意一下，可以通过以下方法去克制这种事情的发生。

① 别把性幻想太当回事

对于性幻想，男孩子没必要太当回事，有时候想想就想想，不要因此而自责或者觉得自己是坏孩子、是流氓。当你不把这当回事的时候，反而会使你对性幻想淡漠一些。这一点，男孩子要牢记。

② 把精力放在其他事情上

如果精力很充沛的话，总是会想这些问题，因此男孩子要学会把注意力和精力放在其他事情上。多参加一些自己喜欢的公共活动和运动，比如打球、跑步等体育活动。这样就能够很好地转移注意力并消耗过多的精力，自然也就不会想那些事情了。

③ 不要接触黄色淫秽制品

那些专门渲染男女性活动的书刊、音像制品，男孩子不要接触，因为这些东西对青春期的男孩子有很强的挑逗刺激作用，极易影响青春期男孩的身心健康。

小贴士

为什么一旦投入其他事情，就不会出现性幻想了呢？

人的大脑活动有一个非常显著的特点，就是同一时间只能有一个兴奋中心，这和人们平常说的“一心不可二用”是一个道理。因此，当你满怀兴奋去做其他有意义的事情的时候，性幻想也就“不辞而别”了。

梦里的事情真让人脸红

怎样才能少做性梦

都说青春期是多梦的季节，这倒是不假，可是这梦有时候却让我们很烦恼，也很焦虑。虽然对异性有好感是正常的，可是竟然在梦里梦到和异性做那种事情，真是让人脸红和不安。好想知道，怎样才能少做这种让人脸红的梦？

男孩的烦恼

① 梦里的事情让我不敢再面对她

韩杨：我今年16岁，喜欢班里的一个女孩，但只是那种单纯的好感式的喜欢，从没想过和她能怎样。可是晚上却好几次梦到和她拥抱、亲吻，这让我很难堪，总觉得自己很邪恶。这也使得我在班里都不敢面对她了，总觉得很对不起她。

② 羞死了，居然做那样的梦，而且还遗精了

王旭：我真是特别特别鄙视自己，晚上居然做那样的梦，而且是和一个个陌生异性，真是羞死了。我自己醒来都会拿被子盖住头。比这更让我烦恼的是，有两次做完这种梦之后我还遗精了。唉，真是让人头疼啊！

③ 我不是坏男孩，为何会做这种梦

金元：我一直以来都是大家眼中的好学生，并且我的性格也很内向，平时都不怎么和女生说话，甚至连喜欢的女孩都没有，怎么还会做这种梦呢？因为这件事，现在弄得我都没法像以前那样安心学习了，怎么才能不做这种梦呢？

科学解析

很多青春期的男孩子都会受到一种现象的困扰——性梦。所谓性梦，是指人在睡眠状态中所做的一切以性内容为主或与性活动有关的梦。男孩子想要消除这种困扰，就需要对性梦有一个正确的认识和理解。

（1）性梦的内容

对于男孩子来说，性梦的内容是非常复杂的，比如在梦中与女孩子拥抱、接吻甚至发生性行为。性梦既可以是凌乱的、虚构的、毫无逻辑的片段，也可以是一个与某个具体事件相联系的完整性行为。一般来说，性梦中的形象都是非常真实、生动的，并且梦

中的异性多是自己不认识的。

（2）导致性梦的原因

青春期伴随着性发育的成熟，男孩必然会对两性的秘密产生浓厚兴趣。在日常生活中，电影和电视中有关性的镜头、裸露较多的女性图片等，都会使青春期的男孩子产生程度不同的性冲动。但由于社会道德等因素，这种性冲动在白天会被控制，压抑在男孩的心底，不能得到表达和有效释放，而在睡梦中大脑的控制暂时消失，因此便得以在梦中得到反映，这便是性梦。

（3）性梦是性欲望的一种自然表露

性梦是性发育成熟的必然结果，也是青春期发育过程中正常的事情，即使从来没有性经历或自慰体验的男孩，也可能做性梦并可能发生遗精。这是身体发育过程中出现的一种正常现象，不会影响身体健康，对他人也不会造成伤害，同时与道德、是非观也没什么必然联系，反而在一定程度上满足了青春期男孩的性欲望，缓解了因现实活动中性欲望得不到满足而带来的心理压力。

以上是一些关于性梦的解释，相信男孩子在真正了解了之后，就会对性梦有一个客观、正确的认识和理解。

专家支着

虽然说性梦是一种正常的生理和心理现象，但是如果性梦十分频繁的话，则会对男孩的身心发育造成一定的消极影响，应该立即找出原因，然后采取相应措施。下面是一些减少性梦的措施。

① 避免过多把注意力集中在性问题上

男孩子应该尽量避免不良刺激，比如不看黄色书刊和电影，不浏览黄色网站和网页，注意不穿过紧的内裤，同学间避免谈有关性内容的不健康话题。

② 多参加有益的活动

男孩子应该与异性正常交往和相处，课余时间可以多做一些体育锻炼，多参加一些有意义的校园活动，以转移注意力。

③ 做性梦了也不要紧张

如果做性梦了，不要过多关注，更不要过多焦虑，不妨把其看成是与吃饭、睡觉一样的正常行为。如果确实有困惑的话，可以找父母倾诉一下。必要的时候，也可以找心理专家咨询以消除心理上的困扰。

总之，在日常活动和学习中，男孩要尽量避免各种性刺激，养成规律的作息习惯，以降低对性问题的关注；适度的体育活动也可以使性能量得到合理宣泄，这些都有助于减少性梦的次数。

小贴士

正常的性梦频率是多少?

性梦是一种正常的生理以及心理现象，男孩子对它不必惊恐，完全可以顺其自然，如果到了青春期从来没有做过性梦反而不正常。一般来说，每隔十天半个月出现一次性梦，都是正常的。

床单上怎么湿漉漉的

我 这 是 遗 精 了 吗

青春期是我们走向“真男人”的开始，虽然很激动、很兴奋，可是这过程中出现的一些事情却始终让我们激动不起来。这个问题还难以启齿，那就是遗精。原本以为只有做那种事情的时候才会射出精液，可是好好的怎么也会出现遗精呢?

男孩的烦恼

① 床单上湿漉漉、黏糊糊的，好羞啊

刘超： 今天一上午听课我都不在状态，脑海里一直想着早晨的事情：早晨醒来感觉身下湿漉漉、黏糊糊的，然后看到被单上湿了一片。我知道，这是遗精了。可是我什么也没想啊，怎么会遗精？而且把被单也弄脏了，我又不敢告诉妈妈，真是羞死了！

② 一周遗精两次了，会不会对身体有所伤害

益阳： 之前就听过遗精，一直以为那是大人才会发生的事情，可是想不到我今年才14岁，居然也遗精了。而且这周遗精出现过两次了，我现在特别担心，也特别害怕，因为我听说遗精对身体会有伤害。

③ 第一次遗精，我吓傻了

阿和： 昨晚上我第一次遗精了，精液就像黄脓鼻涕一样，看着可恶心了。当时被尿意憋醒，谁知感觉身下湿漉漉的，用手一摸才知道遗精了，吓得我半天没反应过来。唉，这种事情确实挺让人尴尬的。幸亏我当时在家睡，如果是在宿舍，被舍友知道了还不得“恶心”我啊！

科学解析

所谓遗精，是指在没有性交或者手淫的情况下出现的射精现象。遗精是男孩正常的生理现象，也是男孩成熟的标志之一。导致遗精的原因有：

（1）性生理成熟导致自然遗精

男孩在进入青春期后，性生理日趋成熟。睾丸不断产生精子，精囊和前列腺不断产生精浆以及分泌物。随着精子和分泌物的不断产生，在体内储存到一定量的时候，就再也没有储存空间了。这就好比水桶满了，水必然要溢出来一样，精液也会自动地从尿道排出来，给后面发育成熟的“新鲜”精子腾地方，因此便出现遗精。

(2) 局部刺激导致遗精

局部的刺激也会导致遗精，比如穿过紧的内裤，盖的被子太重，或者是习惯趴着睡觉等，都可能使生殖器受到刺激出现遗精。

(3) 性刺激导致遗精

性刺激也会导致男孩子遗精，比如看了描写性的小说或者电影，使思想过分集中在性的问题上，从而出现遗精。

当然，除了上述导致遗精的原因之外，泌尿生殖器官患病，比如尿道炎、阴茎龟头炎、包茎、包皮过长等也可能导致遗精。

专家支着

偶尔遗精是正常的生理现象，男孩子没必要紧张、担忧。但是，如果频繁遗精的话就需要引起注意了，因为这对身体会有影响。想要减少频繁遗精，男孩子需要做到以下几点：

① 建立正常的生活作息制度

青春期是男孩子发育的关键期，在这一时期，应该建立正常的生活作息制度，按时起床和入睡，生活要有规律。

② 正确理解性的知识

青春期男孩子有必要了解一些性的相关知识，但是要注意正确理解，不要将正常的性生理现象看得神秘莫测，更不能沉湎于性的问题。

③ 妥善安排课余活动

丰富的课余活动既能增强体质，同时也能放松身心，但是男孩子要注意不要过于嬉戏、奔跑，应该妥善安排自己的课余活动。

④ 注意生殖器官的卫生

男孩子要养成经常清洗阴茎、清除包皮垢的卫生习惯。不要穿过紧的衣裤，要每天换洗内裤；晚上睡觉的时候注意阴茎不要受压，足部也不宜过暖。

⑤ 有相关病症要及时医治

患有包茎、包皮过长或者尿道炎等病症的话，应该及时医治，及早进行包皮切除手术或者使用消炎药物，千万不能因为怕羞而讳疾忌医。

注意以上几点，平时还要注意增强体质，相信对减少男孩子频繁遗精会有所帮助。

小贴士

首次遗精一般都在什么时候？

首次遗精的出现是一个男性生理发育趋于成熟的标志，是生殖器官开始具有生殖机能的开始。一般来说，男孩子首次遗精的年龄多集中在14～16岁，并且还多发生在夏天。但随着物质生活条件的改善以及社会生活的影响，首次遗精的年龄也会有所提前。

书上说，精子像小蝌蚪

精 子 是 怎 么 一 回 事 呢

关于精子，相信大多数男孩都知道，比如书上形容它像小蝌蚪一样。但是男孩子们可能还会有一些关于精子的疑问，想知道精子到底是怎么一回事，是不是真的像小蝌蚪那样呢？

男孩的烦恼

① 看到书上画的精子就跟小蝌蚪一样，不知道是不是真的

军辉：最近一段时间对精子比较好奇，知道精子是以后生小孩的必备之物，看书上

的图片，画的精子就跟小蝌蚪似的。但是真正的精子到底是怎样的呢？自己又看不到，即使有时候遗精也是一片，根本看不到精子啊！

②精子和精液一样吗

亮亮：我听说遗精时候弄脏床单的是精液，那么精子和精液到底是不是一回事呢？如果不是，区别又在哪里？如果是，为什么精液听起来像“群体”，而精子听起来像“个体”呢？谁能告诉我答案？

③精子到底是什么样的

孙周：听说精子和女性的卵子结合就会变成小孩，这简直太神奇了。那么精子到底是什么样的呢？是活的吗？有生命吗？越想越疑惑，越想越搞不懂。

科学解析

精子是男性成熟的生殖细胞，青春期的男孩已经具备了产生成熟精子的能力，同时这也使很多男孩对精子有了更多的疑问：精子到底是怎么一回事呢？下面就给男孩子们说一说有关精子的知识。

（1）精子的产生

男孩子的青春期开始后，由于雄性激素的作用，睾丸内的精原细胞开始大量繁殖。每个精原细胞经过72天的分裂，最终变成4个精子，其中2个是X型，两个是Y型。精子的生产不是一个个进行的，而是一个连续的过程。虽然每个精子的发育要经历两个月的时间，但对于成熟的正常男性来说，每天都有约5000万个新的精原细胞产生，并同时进入分裂的过程。就是这样连续不断、周而复始，每天每个正常的成熟男性都会大约产生2亿个成熟的精子。

（2）精子的真实“面目”

成熟的精子，看起来非常像小蝌蚪，分为头、颈、中、末四个部分。在精子的头部有一个顶体，是一种特殊的溶酶体，有助于受精过程中穿透女性体内成熟卵子的外壳。光学显微镜下，精子的头呈扁平卵圆形，正面呈卵圆形，侧面是梨形。

（3）精子与精液

精液由睾丸产生的精子、精浆（前列腺、精囊分泌的液体）组成。精浆就像精子的传送带，是输送精子所必需的介质，同时也为精子提供能量和营养。精液的主要成分是水，大约占精液的90%以上。在精液的有形成分中，除了成熟的精子外，还有约1%的其他细胞，例如未成熟的精原细胞、精母细胞以及脱落的上皮细胞等。除细胞之外，精液里还有脂肪、蛋白质、色素颗粒、无机盐、果糖等。

专家支着

精子是男性孕育下一代的保证，健康的下一代来源于一个健康的精子和卵子的结合，所以男孩子们也不能忽视精子的健康。下面就是一些保护精子的注意事项：

① 不吸烟、不喝酒

青春期的男孩正处于长身体的关键时期，烟酒都会对身体造成危害。并且烟和酒是精子的大敌，香烟中的尼古丁能杀伤精子；而酒不仅会导致生殖腺功能降低，还会使精子中的染色体异常。因此，青春期的男孩子一定要做到不吸烟、不喝酒。

② 养成合理的饮食习惯

要多吃一些含精氨酸类的食物，比如大豆以及豆制品、鳝鱼、章鱼、银杏、西瓜、南瓜、山药等。蔬菜中的芹菜可适量少吃一些，因为根据研究，常吃芹菜的人，精子数量会明显减少。总之，男孩要养成合理的饮食习惯。

③ 加强身体运动

男孩子应适当加强身体运动，运动的方式应以耐力训练为主，不求运动量和运动强度，贵在长期坚持不懈。运动项目可多种多样，比如游泳、乒乓球、羽毛球以及减肥操、器械训练等。

除了以上注意事项之外，男孩子平时也要注意劳逸结合，不穿紧身裤和化纤内裤等，这些都是保护精子需要注意的事项。

小贴士

听说“一滴精等于十滴血”，这种说法科学吗?

民间古老说法认为，精液是男子最宝贵的东西，不能随意流失，否则会因精液枯竭而死，于是便有了“一滴精等于十滴血”之说。这便使得一些人误以为遗精会损伤人的身体健康，其实完全不是这样。一般一次射精之后，在一两天即可使精液补充到正常范围，所以“一滴精等于十滴血”这种说法是缺乏科学道理的。

忍不住想自慰
这样很下流吗

青春期不得不提到一个话题，虽然这个话题会让很多男孩觉得脸红，甚至逃避，但是男孩子非常有必要正确去面对这个话题，那就是自慰。有些男孩会觉得自慰是下流的，可是又忍不住，真是非常矛盾。

男孩的烦恼

① 我是不是很下流

华强：以前我也听说过自慰，觉得那是一种很下流的行为，可是昨天我竟然也做了这种下流的事情。看电影的时候，看到男女亲热的镜头，我的“小弟弟”就胀大了，我忍不住自慰了。事过之后，我非常懊悔，觉得自己跟流氓没什么区别，内心也备受煎熬。

② 洗澡的时候我自慰了

包子：昨天晚上洗澡的时候，手不经意碰到了“小弟弟”，它居然勃起了。不知怎么地，我竟然鬼使神差地拿手抚摸它，然后就感觉很爽，很舒服，最后居然射精了。我知道我这是自慰，虽然在这个过程中的确感觉很舒服，可是完了之后却有一种负罪感，总觉得自己下流。

③ 有时候会忍不住想自慰

武生：我真是受不了自己了！我觉得我快崩溃了！现在每次看到男女亲热的镜头，或者看到类似的描写时，我都会忍不住自慰。虽然我知道这样做很不好，可是自己有时候真的控制不住。结果每次都是完了之后，心里又矛盾又痛苦，我该怎么办？

科学解析

自慰即常说的手淫，即在没有性伙伴的情况下，用手刺激性器官而引起的性快感，以达到心理上自我满足的行为。这个问题让很多青春期男孩都备受困扰，而想要消除这种困扰，男孩子也就有必要正确了解自慰。

（1）自慰的开始

男孩子在进入青春期后，由于雄性激素的作用，生殖器官和第二性征发育，生殖器官的敏感性也不断增强。有时，手或者其他物体偶然接触到生殖器，会引起性兴奋而产生一时的快感。于是男孩子们就可能经常刺激生殖器官，而且体验一次比一次深刻，自慰也就悄然开始。

（2）自慰是伴随着发育而产生的

随着雄性激素水平的提高，青春期男孩很自然就会产生性冲动和性要求，对性问题充满憧憬、好奇以及幻想，再加上外界如电影、电视、书刊、网络出现的性刺激，在性心理和性生理的驱使下尝试有意识的自慰行为，这其实是正常的性活动方式。

（3）适度自慰对身体有一定好处

适度的自慰是一种正常的宣泄性能力的途径，并不是下流的行为，男孩没必要因这个问题而紧张，产生心理压力。

专家支着

尽管说自慰是一种正常的生理现象，但这种非自然的性行为也并不是完全对身体无害，也并不值得提倡，关键是男孩子要把握一个“度”，正确对待自慰。

① 树立科学的观念

男孩应正确认识自慰对身体的好处和过度自慰可能带来的危害，既要认识到适当的自慰行为是青春期缓解性压力的正常现象，并不影响健康，消除由于自慰造成的心理障碍，不要为自慰而羞愧、悔恨，以免形成沉重的心理负担。同时也要清楚地了解过度自慰的危害，学会控制自己的情绪和行为。

② 学会抵抗自慰的诱惑

当感到有性冲动时，男孩子要有意识地克制自己，把精力更多地投入到学习中，积极参加丰富多彩的文体活动，充实自己的课余生活，以淡化和转移性欲，控制和降低自慰的频率。

③ 养成良好的生活习惯

在日常生活中，男孩子更要养成良好的生活习惯，按时起床和休息；不看带有强烈性刺激的音像制品和书刊；经常清洗自己的外阴，消除污垢对生殖器的刺激；不要憋尿，避免膀胱过分充盈而引起刺激；避免内裤过于紧小，防止摩擦生殖器而引起刺激等。

小贴士

长期、频繁自慰会有哪些危害？

长期、频繁的自慰很容易造成将来性功能障碍，比如阳痿、早泄、不射精、性冷淡等。同时，如果自慰时刺激过强，使用不适当工具，不注意卫生，也可能造成生殖器官出现损伤、充血、破溃以及感染等，直接影响男孩子的身体健康，甚至对以后的生育能力也会造成消极影响。因此，男孩子要注意。

总说未成年人要禁止性行为

什么行为叫作性行为呢

“性”是一个禁忌的字眼，而“性行为”则被称为禁果，家长和老师也总是教导说这是我们万万不可接触的，一定要禁止性行为。可是，我们也很疑惑，到底什么行为叫作性行为呢？真想知道答案啊！

男孩的烦恼

① 拥抱、亲吻算是性行为吗

强子：今天放学的时候，我无意中看到邻班的一个男孩和一个女孩在楼梯的拐角处拥抱了一下，并且还亲吻了一下。我知道他们俩是在谈恋爱，可是他们这种行为是不是常说的性行为呢？

② 到底什么行为才是性行为

少华：时不时听到“性行为”这个词，以前还小，虽然不懂也不好意思提出疑问。现在都大了，进入青春期了，对这个问题也更加好奇了，到底什么样的行为才能称为性行为呢？接吻算不算？拥抱算不算？

③ 天哪，我们学校居然有个女孩怀孕了

阿克：听说我们学校高中部的一个女生被开除了，原因是怀孕了。大家也都纷纷议论：“这个女孩胆子真大，太不拿性行为当回事了。”“居然做出这种事情，以后怎么见人啊！”……看来这个女孩是因为性行为怀孕的，可是性行为又是指什么呢？

科学解析

很多男孩子经常可以在电视里、报纸上看到“性行为”这个词，看到男女在一起时拥抱、接吻的镜头，但是却并不真理解这是怎么回事。对此，男孩有必要进行一下了解。

（1）性行为

男子勃起的阴茎进入女性的阴道中，并最终把体内的精子排出，即完成“射精”。而女性每个月也会有一个成熟的卵子从卵巢中排出，并进入输卵管等待与精子汇合。男子每次射精都会有数以万计的、看上去像小蝌蚪似的精子，当它们进入女性体内后，就会努力地向那个卵子游去，争取当“冠军”，与卵子结合——这个过程就是性行为。

（2）青春期性行为的危害

进入青春期的少男少女随着性的发育，自然有性的欲望和要求，有些胆大的孩子在懵懵懂懂中就发生了性行为。对于青春期的少男少女来说，性行为带来的往往不是快乐，而是痛苦，尤其是对女孩子来说，可能会影响其一生的健康和幸福。青春期的少男少女在发生性行为时，往往会害羞、紧张、恐惧，男女双方都有或多或少的罪恶感，再加上都缺乏性卫生常识，极易带来身体伤害和心理阴影，甚至给彼此以后的正常婚姻生活造成负面影响。再加上这个时期，青春期少男少女身体的各个器官都还在发育，根本不具备生育的条件，如果不小心怀孕了，更是会给其身体和心理带来极大的伤害，严重的还会导致以后的不孕不育。

男孩在了解性行为的同时，也应该明白，自己现在并不适宜有这种行为，因此必须慎重对待，不能因为好奇和贪图短暂的感官刺激就去做这种危险的事情。

专家支着

青春期的男孩并不适宜有性行为，那么男孩又该如何去避免这种行为的发生呢？

① 培养自己的自制力

自制力是男孩良好的意志品质之一，主要表现为能够用理智驾驭情感与欲望。进入青春期后，几乎所有的男孩都会有一种性萌动的体验，常常是性本能的冲动。但是假如男孩子自制力良好的话，是完全可以通过意志去节制这种本能的冲动，从而也就避免了性行为的发生。

② 尊重异性，升华自己的情感

青春期的男孩对异性产生好感是正常的，但是由于此时正是需要集中精力学习文化和技术的时候，再加上此时身心发育并不完全成熟，因此男孩应该对这份好感保持理智。即使与对方互相倾慕，也应该更加理性地去对待。要明白，此时彼此的年龄以及其他条件都不足以承担这种感情，并且这种好感并非就是爱情，一旦处理不好，反而会使得彼此受到伤害。因此，男孩应该主动升华这种感情，做到尊重对方，将这种情感变为正常的友谊。

③ 多将注意力放在有意义的事情上

青春期的男孩子对异性比较好奇，也比较冲动，可能会因为对性行为好奇而与心仪的女孩发生这种行为。想要避免这种危险行为的发生，男孩应多将注意力放在有意义的事情上，比如学习、参加课外活动等，这样就可以通过转移注意力淡化对性行为的好奇。

对于青春期男女来说，过早有性行为有百害而无一利，男孩应该学会克制自己的感情，并理性认识这一问题。

小贴士

对性行为好奇是不是意味着学坏了？

随着年龄的增长和进入青春期，男孩的身体必然会发生变化，性能力和性意识也随之产生。这是非常正常的生理现象和心理现象，而因此所产生的对性的好奇、冲动也是正常的，男孩也没有必要因为对性行为好奇就觉得难为情或者认为自己学坏了。

我管不了自己的“小弟弟”

如何应对青春期性冲动

已经知道了伴随着青春期的到来，性意识会觉醒，也会有那种好奇和欲望。可让我们烦恼的是，有时候似乎管不了自己的“小弟弟”，这种冲动往往会让自己很紧张、很害怕，真想知道怎么应对这种青春期性冲动。

男孩的烦恼

① 郁闷，我被女孩骂“流氓”

力嘉：唉，今天真是郁闷死了。上午上微机课的时候，旁边的女孩让我教她如何往PPT中添加图片，我便凑到她那边去。谁知，当我凑近她时，她身上的一股芳香扑进了我的鼻孔里，并且我又在不经意间看到了她的胸部。这下完了，“小弟弟”居然立即膨胀，我也忍不住用手碰了一下她的胸部。结果女孩恶狠狠地盯着我骂了一句“流氓”，然后就再也不理我了！我真郁闷，也非常痛恨自己当时的冲动！

② 我管不住“小弟弟”怎么办

阿浩：现在不知道是怎么了，“小弟弟”好像越来越过分了，看到漂亮女孩就会勃起。而我呢，也会忍不住想入非非，甚至有时候还想着去亲近人家。我知道，我这叫性冲动，也知道这样很不礼貌。可是，我似乎根本管不住自己的“小弟弟”，好烦啊！

③ 神啊，救救我吧，我讨厌自己这样

龙龙：我快疯了，真拿这该死的“小弟弟”没办法。现在不知道怎么回事，稍微受点男女方面的刺激，我的“小弟弟”就会立即精神抖擞，一副“雄赳赳，气昂昂”的姿态。说实话，我真的很讨厌自己这样，尤其是在公共场合，觉得特别丢人。现在我只想大声喊：“神啊，快救救我吧！”

科学解析

很多青春期的男孩都会有性冲动的经历，甚至为此烦恼不已。其实性冲动本身并非是一件不正常、可怕、下流的事情。处于青春期的男孩，在与异性交往中，难免会有这种冲动。而想要管住自己的“小弟弟”，男孩必须弄清楚诱发性冲动的原因。

（1）大脑刺激

由视觉、听觉、嗅觉、味觉刺激大脑的思维所引起，每当男孩子听到会激发性兴奋的语言信号，或者看到、接触到异性的性感部位，或者闻到异性身体上的刺激气息，或者脑子里想到有关性的问题，都会通过大脑支配脊髓中的性中枢，从而引起性器官的勃起。

（2）性器官刺激

由性器官直接受到刺激而引起。性器官受到刺激后，交感神经会将信号传到大脑的性中枢，引起性器官充血，从而产生反射性性冲动。比如男孩子被自己所心仪的女孩子无意中碰了一下脑部，可能会立即感到一种软酥酥的麻醉似的感觉流遍全身而产生一阵无以名状的快感。

性冲动在很大程度上是由于身体里性激素加速分泌的结果，从生物学角度来说，性冲动是一种生理心理现象。

专家支着

在青春期，性冲动发生过于频繁，必然会影响正常的学习和生活，以及与异性的正常交往和相处。男孩不妨从以下几个方面做起，以应对性冲动的频繁发生。

① 转移并淡化注意力

男孩子不妨积极投身于集体生活，比如多参加一些体育和文娱活动，多看一些健康的影视节目，特别是与性距离较远或者不沾边的节目，例如球赛等，这样就能够很好地淡化注意力，转移大脑中枢神经的兴奋中心。

② 抵制诱惑，净化刺激源

黄色书籍刊物以及淫秽音像制品是精神鸦片，是诱发男孩子性冲动的罪恶之源。因此，青春期的男孩子应该自觉抵制这些不良诱惑，避免看或者听有性刺激的书刊和音像，净化身边刺激源。课余时间，可以多阅读一些自然科学、社会科学或者与学习有关的书籍。

青春期是男孩子学习的关键时期，虽然会对异性有好感，但还是应该以学习为主，用自己的智慧来弱化这种冲动欲望，不能与异性态度暧昧。这样一来，就能够恢复理智，冷静面对现实，从而也就有助于减少性冲动的频繁发生。

小贴士

是不是和异性断绝来往就不会有性冲动了？

有的男孩会觉得性冲动多发生在与异性接触的过程中，因此便会想是不是不和异性接触，就不会有性冲动了。这种想法是不科学的，性冲动有时候是“自发”的，是正常生理现象。只要男孩子能够抱着一种积极、健康的心态与异性正常接触和交往，性冲动并不那么容易发生。

据说男孩也会遭到性骚扰

男孩遭遇性骚扰该怎么办呢

早就听过“性骚扰”这个词了，一直觉得“性骚扰”与男生没什么关系，都是针对女生的。可是听说男孩子也会遭遇性骚扰，这让我们不由得开始担心起来：假如我们遭遇性骚扰的话，该怎么办呢？

男孩的烦恼

① 我这算不算遭遇到性骚扰了

晓伟：昨天的一件事，让我很烦恼。昨天我做值日的时候，经过喜欢我的一个女孩的位子，我让她动一下，以便我清扫卫生，她站起来往外走经过我身后时，故意用手碰了碰我的臀部。这个举动让我很不自在，我想问，我这算不算遭遇到性骚扰了？

② 我好像被一位大姐姐盯上了，怎么办

才宝：最近总觉得自己被一位大姐姐盯上了，心里有些担心。每次我放学回家，那位大姐姐就在不远处跟着我，有时候我回头，她还冲我抛媚眼儿。我一直没理她，可是今天下午放学，她居然拦住我，让我到她家里去玩，说让我看好看的电视节目。因为害怕她图谋不轨，我礼貌拒绝后就赶紧溜了。我估计她还会盯着我的，我该怎么办？

③ 她居然让我看那种书籍

宏杰：最近一件事情让我很烦恼，不知道该怎么办。我的后桌——一位性格开朗、容貌姣好的女孩，总是给我看一些类似于黄色的书籍和杂志。我每次都说自己没兴趣，但是她却不依不饶，还说我是不是有毛病，说如果我这个年龄的男孩子对这种书不感兴趣肯定不正常。对此我很郁闷，她这不会是挑逗和骚扰我呢吧？

科学解析

关于性骚扰，很多男孩都会觉得与自己没多大关系，其实这种想法是错误的。进入青春期的男孩，有的会自然散发出一种魅力，也是很容易被他人“盯”上的。先了解一些性骚扰的相关知识：

（1）性骚扰的概念

性骚扰是指以性欲为出发点的骚扰，以带性暗示的言语或动作针对被骚扰对象，引起对方的不悦感，通常是加害者肢体碰触受害者性别特征部位，妨碍受害者行为自由并引发受害者抗拒反应。

（2）性骚扰的范围

性骚扰不仅指直接的性侵犯，还有一些也许是男孩子常常不以为然的行为，其实也是性骚扰。比如，直接行为侵犯，要求或者强迫抚摸你的隐私部位；让你看色情影片或色情照片、图书；拍摄你的裸体照片、影片；用猥亵的话语挑逗你；以一种你不舒服的态度和方式触摸你身体的任何部位等。

（3）性骚扰对男孩子的危害

很多男孩子都觉得自己是男的，就算对方邀请自己看一些黄色影片什么的也无所谓，其实这种想法是错的。一般来说，这只是第一步，是在利用男孩对性的好奇来对其进行诱惑。一旦中了对方的圈套，就会被一点一点拉下水。然后对方就会对男孩进行性侵犯，或者引诱、威胁其一起参与一些侵犯他人的事，极有可能对男孩子们的身体甚至生命安全构成威胁。

专家支着

那么，一旦遭遇了性骚扰，男孩子们又该如何应对呢？

① 男孩子必须对性骚扰有一个明确的概念

假如男孩子对性骚扰的概念弄不清楚的话，就谈不上拒绝。因此男孩首先要了解性骚扰的概念，这样在遭遇的时候就能够很好地进行判断。

② 要有自己的标准和底线

比如身体的哪些部位是别人坚决不能摸的，一般都是泳衣盖住的部位。同时，如果对方的行为让你感觉不舒服的话，就算没有触碰到你的敏感部位，也可能构成性骚扰。除了身体上的接触之外，言语上的挑逗或邀请你共同从事与性有关的活动也可能是性骚扰。所以，出现这样的问题一定要严厉拒绝。

③ 性骚扰一旦发生，要及时寻求帮助

男孩子请记住，如果自己真的被性骚扰了也不是自己的错误，不要因此而软弱、胆怯，或是因为害怕别人知道而不敢对父母、老师讲。一旦发生，一定要尽早告诉老师和父母，或者向警方报告，必要时还可以找心理医生，并去医院做检查，千万不能因为羞愧而躲藏起来，否则只会让自己损失更大，尤其是会给自己的心灵带来伤害。

小贴士

对男孩进行性骚扰的一定是女性吗?

对男孩子进行性骚扰的人既可能是女性，也可能是男性。以前，人们更关注男性对女性的危害，许多男性也认为自己和女性在一起只会占便宜。其实，男孩子也不要忽视女性的攻击，更不要忽视同性间可能存在的危险。只有学会保护自己，不要试图占别人便宜，才能减少自己的麻烦。

第四章

保健

真不知从何做起

青春期男孩在了解了自己身体的变化之外，面临的另外一个问题就是身体的保健问题。但是因为心智不成熟，男孩子可能并不知道从何做起。这一章，就专门为青春期男孩讲一讲有关身体保健的一些知识，让男孩子能够更加健康地发育、成长！

我的脸成了油田

如何防止大油脸

原本想借着青春期好好表现自己的魅力呢，可是一张大油脸让我们彻底没戏了。不仅别人看着别扭，自己更是感觉不舒服。难道这“油田”也是青春期的“馈赠”吗？这份“馈赠”我们真的不想要啊！

男孩的烦恼

① 一天要洗很多次脸，烦死了

小波：真是拿自己的脸没有办法，我觉得自己现在都没“脸”见人了。现在我的脸部非常油，冬天的话还好点，每天洗三四次脸。可是夏天就恐怖了，五六次都不算多，因为好像不断在往外冒油，不洗就不舒服。现在光是每天洗脸，我都快烦死了！

② 同学们都开玩笑说要在我脸上开发“石油”

李超：现在我成了班里的焦点，不是因为别的，就因为我脸上的这块儿“油田”。“李超，你这脸上的储油量真是相当丰富啊！”“李超，记得‘油田’的开发权归我哦。”……我的脸成了“油田”，同学们都开玩笑说要在我脸上开发“石油”，真是郁闷死人啊！

③ 到底怎么才能让我的大油脸消失啊

浩博：受不了了！受不了了！我不想上学，不想出门，不想见人！昨天去买衣服，试衣服的时候，店员递给我一张纸巾说：“同学，你先把脸擦擦吧！”当时我真恨不得找个地缝钻进去！这该死的大油脸，让我再也没有心情买自己喜欢的衣服！到底怎么做才能让我的大油脸消失啊？

科学解析

青春期很多男孩除了饱受痘痘的困扰之外，还有一个困扰就是大油脸，即脸上的油脂很旺盛，看上去油乎乎的，让人非常不舒服。想要告别大油脸，先了解一下大油脸形成的原因。

（1）温度

温度上升会导致肌肤特别容易缺水，继而引起油脂分泌旺盛，产生油腻，使男孩子的脸看起来油光满面。比如在夏天的时候，脸部的油脂明显就多于冬天，就是夏天温度高于冬天的原因。

（2）激素的分泌

进入青春期后，男孩子的激素分泌会比较旺盛，而激素又是影响皮肤油脂分泌的因素之一。雄性激素中的二氢固醇会促进皮脂腺分泌，从而导致脸上的油脂增多。

（3）情绪不稳定

青春期的男孩子心理和生理发育都不是很成熟，情绪也时常处于不稳定的状态中，再加上如果生活不规律的话，就特别容易导致激素分泌失调，继而导致脸部油脂分泌旺盛，形成大油脸。

除了以上原因之外，皮肤油和水不平衡也会造成皮肤油腻。

专家支着

青春期的男孩，想要告别大油脸，就要特别注意水油平衡和生活规律。这是因为温度不是由个人控制的；而激素的分泌，男孩子也无法掌控。因此，可以采取以下几个措施防止大油脸。

① 注意饮食

处于青春期的男孩子不要吃太多油腻的食物，如大量的油炸食品，以控制身体吸取的油脂。这样不但可以健康减肥，同时也可以控制脸部皮肤油脂的分泌。

② 养成多喝水的习惯

水油不平衡也会导致男孩子变成大油脸，因此男孩子们在平时要养成多喝水的习惯。水是生命之源，水分充足能够冲淡油脂，保持水油平衡，从而减少油脂分泌。

③ 多食用蔬菜水果

科学研究发现，维生素有减少油脂分泌的功效，而新鲜的蔬菜和水果中富含大量的维生素。因此，男孩子在平时可以多食用一些新鲜的蔬菜和水果。

④ 综合调理

防止和告别大油脸的关键在于综合调理，男孩子要尽量保持心情愉快，养成良好的作息习惯，饮食以清淡和健康为主。每天做好皮肤的清洁工作，以防止油脂堆积在面部，也可以使皮肤洁净清爽。

掌握了以上防止大油脸的方法之外，男孩子平时也要养成讲究卫生的好习惯，这在一定程度上也能够有效防止和告别自己的大油脸。

小贴士

听说皮肤出油只要选对控油产品就好了，对吗?

青春期男孩爱美，在护肤时也常陷入这样的误区，觉得皮肤出油就得控油。其实单纯控油是不可取的，只有在洁肤控油之后，立即给皮肤保足湿度才是真正的控油王道。如果控油之后不注意给皮肤保湿，皮肤只会越控越油，等到无油可分泌时，油性皮肤就转变成干性皮肤了。这一点，男孩子也要牢记。

竟然有白头发了

“少白头”该怎么办呢

说到青春期的保健问题，真是让我们头疼不已啊！最让我们难堪的莫过于年纪轻轻地顶着一头白头发，不仅影响自己的青春形象，同时也大大削弱了我们的自信，让我们不愿意到人多的地方，真是烦恼！

男孩的烦恼

① 我竟然成了“白发魔男”

益达：我今年才15岁，样貌也挺清秀的，可是却长了一头“少白头”，真是大大影响我的形象。以前看电视剧，有一个“白发魔女”，现在好了，我被同学们戏称是“白发魔男”，真是让我哭笑不得。

② 染了没几天，白头发就又长出来了

童童：我是14岁开始长白头发的。刚开始的时候还不是很多，只有稀稀拉拉的几根，可是后来越长越多。没办法，我只好去染发、焗油。可是过不了多长时间，白头发就又长出来了。就这样，有白的，有黑的，看上去反而更乱，更让人不舒服。我又不能每星期都去染发，再说经常染发对头皮健康也不好。可是，除了染发，我又不知道怎么办。

③ 未老先衰，我该怎么办

子阳：记得看过一部古装武侠剧，里边有一个“天山童姥”，还没老呢就一头白头发，看着特吓人。现在呢，我居然也有向她发展的趋势，才16岁，头上的白头发就如同雨后春笋般不断往外冒。我这还没老呢就先衰了，真是衰死了！

科学解析

青春期有很多男孩子都会出现“少白头”，即头上的白头发很多。这种现象并非是正常的生理现象，而导致“少白头”的原因也不同。

（1）遗传因素

对于我们中国人来说，正常的头发应该是黑色的，因为头发中含有一种黑色素。但是遗传因素会造成先天性色素颗粒合成障碍，导致头发中的黑色素减少，从而出现“少白头”。

（2）营养缺乏

如果男孩子在平时的饮食中不注意营养的均衡搭配的话，就可能导致蛋白质、维生素以及一些微量元素不足或者吸收不佳，从而也会导致青春期的男孩子出现“少白头”。

（3）人体内外环境影响

俗话说：“笑一笑，十年少；愁一愁，白了头。”当人的精神处于激动、焦虑、紧张、烦恼、痛苦的时候，头发的正常生理就会产生紊乱，从而出现异常性白头发。

（4）疾病所致

一些疾病也会导致“少白头”，比如结核、肿瘤、伤寒、恶性贫血、甲状腺功能亢进和自主神经功能紊乱等，都可能影响色素细胞的合成和功能障碍，从而年纪轻轻就出现“少白头”。

一般来说，青春期的男孩出现“少白头”是因为黑色素的形成发生障碍，或者虽已形成，但因某种因素而不能运送到毛发中，结果就使毛皮质细胞内的黑色素减少或消失。

专家支着

一般来说，“少白头”对青春期男孩子的身体健康并无大碍，但是却会在心理上造成一定的压力和困扰。下面是一些防止“少白头”的方法和措施，男孩子可以认真看一看。

① 改善饮食营养

多吃一些含有丰富蛋白质、B族维生素和矿物质的食品，例如粗粮、豆类、牛肉、鱼、蛋、蔬菜、水果等，为生长黑发创造有利条件。

② 加强体育锻炼

多参加一些有益于身心的文体活动，例如游泳、田径、跳舞等；同时在思想上不要过分紧张，注意保持积极乐观的情绪，不要过度疲劳。

③ 多用梳子梳头和经常按摩头皮

梳头可以促进头皮血液循环，改善头皮细胞和毛囊的营养供给。梳头的动作宜轻柔，梳子不宜过尖、过密，每天坚持梳头120次。另外还要经常按摩头皮，每天用手指搓头皮两三次，每次5～10分钟。

除了以上这些方法之外，男孩子也应该去医院做一下身体检查，查找“少白头”的真正原因。

小贴士

“少白头”是一种病吗?

“少白头”不能统称为病，如果是由先天遗传引起的，就不能称之为病，而如果是由后天性因素引起的，则是属于病志，需治疗。

头发越来越少了

我会不会成为秃顶啊

浓密乌黑的头发是男孩英俊、帅气的象征，可是头发越来越少让我们再也英俊、帅气不起来了！爱美的我们，该如何是好？真担心这样下去，会变成秃顶。要是那样的话，我们宁可不要这青春期。

男孩的烦恼

① 我可不想向法海看齐啊

小杰：最近真是邪门儿了，每天头发都会掉一大把。再这样下去的话，我的头发岂不是要掉光了啊？真担心自己这样掉下去会变成秃顶。

② 望着水里掉的头发，我傻眼了

京京：我是个特别讲究卫生的人，几乎每天都要洗澡、洗头，就算不洗澡，洗头也是每天必须做的一件事。可是这几天我却不敢洗了，因为每次洗的时候，都会掉很多头发。虽然我的头发是不少，可是看着水盆里掉的那些头发，我还是傻眼了！

③ 头发掉疯了，怎么办

丁飞：完了完了！我完了！以前走在大街上看到那些秃头的人，我都会忍不住笑。可是现在，我似乎也在向他们发展。最近感觉我的头发都掉疯了，人上了一定年纪掉头发似乎很正常，可是我才是一个上初中的孩子啊，怎么也开始掉头发了呢？

科学解析

导致青春期男孩子掉头发的原因有很多，根据医学专家的研究，主要有以下几种：

（1）遗传因素

遗传因素与掉头发是有一定关系的，和前面提到过的“少白头”的原因类似。一般来说，如果父母掉头发的话，其子女也会出现不同程度的掉发现象。

（2）内分泌紊乱

男孩子在进入青春期后，身体内的各种激素水平会发生重大变化。不管是雄性激素分泌过多，还是雌性激素分泌过多，都会导致男孩子体内内分泌紊乱，从而引起掉发。

（3）用脑过度

青春期，除了是男孩子们身体发育的关键期外，也是学习科学文化知识的关键期。在这一时期，升学和课业压力导致男孩们不得不在学习上努力，从而就容易引起用脑过度。并且大脑长期处于紧张状态，致使头部血液主要集中于脑部，头皮的血液相对减少，从而引起掉发。

（4）头部营养失调

头发的生长发育与蛋白质、矿物质、维生素等营养有着极其密切的关系，青春期的男孩子如果饮食习惯不好的话，比如挑食、暴饮暴食等，都可能引起体内营养失去平衡，某些必要的元素摄入不足或者不充分，导致掉发。

另外，除了上述原因之外，一些疾病因素，如头发湿疹、真菌感染、贫血等，也都会引起掉发。

专家支着

青春期的很多男孩都会有掉发现象，只要不是疾病原因引起的就无须过分紧张，在平时多加注意即可。

① 正确对待正常的掉发现象

一个正常人的头发大约十万根，并且这些头发每时每刻都处于新陈代谢中，因此每天脱落20～40根是正常的，因此男孩子没必要为此忧心忡忡，产生心理压力，只要正确对待即可。另外，即使头发掉落得过多，一般也都是暂时性的。

② 注意多吃一些有助于头发生长的食物

在平时，如果掉发的话，男孩子可以多吃一些富含铜、铁、氨基酸的食物。富含铜的食物，比如核桃、榛子、动物内脏、樱桃等；含铁的食物有蛋类、菠菜等；而平时中常见的芝麻、花生等食物富含胱氨酸和氨基酸，多食用的话也可以促进毛发的迅速生长。

③ 养成正确的洗发和梳发习惯

比如要选择适合自己发质的洗发、护发用品。在洗发之前可以先用发刷刷去头发表面的尘垢，以减少洗发时候的脱发量；洗发时，不宜用过烫的水，40℃水温即可，用双手插入发内，用指尖的螺纹面揉擦全部发根及头皮；梳头发的时候可以选用木梳、塑料梳、牛角梳；注意不要在湿发的时候梳头，易损伤发质。

只要注意以上这些养护头发的方法，即使掉发，也不会很严重，而是控制在正常的范围之内。

小贴士

为什么香皂、肥皂不适合用来洗头发呢？

头发表面有一层鳞片状的角质组织，如果将香皂直接擦到头上，香皂很容易夹入鳞片状的角质缝隙中，不易被清洗干净，并且损坏头皮和头发。而肥皂更不宜用来洗发，因为肥皂的含碱量较高，如果留存到鳞片夹缝中，角质层会因碱腐蚀而脱落，使头屑大增，头发也更容易受到损害。所以，一定不要使用香皂和肥皂洗头发。

现在男孩流行穿紧身裤

男孩穿紧身裤有危害吗

青春期是男孩子展现自己魅力与帅气的绝佳时期，帅气的面孔再配上得体的服饰，不知道能吸引多少女孩的眼神。现在最流行的莫过于紧身裤了，穿上之后能更好地展现自己矫健的身材与优美的线条，可是听说女孩穿紧身裤对身体不好，那男孩子穿的话对身体会不会有危害呢？

男孩的烦恼

① 特别想穿紧身裤，可是又怕对身体不好

罗辉：现在最流行的服饰莫过于紧身裤了，尤其对于像我这种身材修长的男孩来说，紧身裤更是最能展现自己魅力的服饰。我也特别想买一条这样的裤子，可是又听说男孩穿紧身裤对身体发育不是很好，这是不是真的？

② 穿了两天紧身裤，感觉下体有点不舒服

建波：大前天终于买了一条时下最流行的紧身裤，穿上之后果然是非一般的感觉。走在路上，都感觉自己成了焦点。可是这才穿了两天，就感觉下体有点不舒服，“小鸡鸡”好像有些红肿、难受，不知道是不是和这裤子有关。

③ 穿紧身裤会影响睾丸发育以及以后的生育吗

志强：昨天兴致勃勃地买了一条现在最时尚、最流行的紧身裤，可是还没穿呢，就遇上小区诊所的王大夫，他告诫我不要穿紧身裤，说是我正处在身体发育的关键时候，穿这个会影响睾丸发育，甚至也会影响以后的生育。这让我激动的心一下子跌到了冰点，我是穿呢？还是不穿呢？

科学解析

青春期男孩随着生理的发育，心理也会逐渐成长，会比以前爱美了，也开始注重自己的形象问题。比如对于流行的服饰，总是跃跃欲试。而比较流行的紧身裤，却并不适合青春期的男孩穿。至于原因，有以下几点：

（1）有碍于睾丸产生正常的精子

睾丸产生精子需要一定的温度，阴囊内的温度比人体温度低2℃左右，这是产生精子最适宜的温度，阴囊自身就有调节这种温度的功能。在炎热的夏天，阴囊会变得松弛，而当天气寒冷的时候，阴囊又会缩成一团，仅仅贴靠在身上——阴囊正是通过调整与身体的距离来调节温度的。而在穿上紧身裤后，阴囊紧贴着身体，睾丸温度过高，就

会产生不正常的精子，甚至不能产生精子。长此以往，很容易造成将来不育，影响正常的生活。

（2）影响阴茎发育

常穿紧身裤，尤其是紧身牛仔裤，会使阴茎长期处在一种狭小的环境中。青春期男孩自主或不自主的阴茎勃起较为频繁，狭小环境会限制勃起的正常状态，阴茎容易被压迫，造成海绵体发育不对称，从而诱发弯曲，影响阴茎的发育。

（3）引起生殖道炎症

男孩子经常穿着紧身裤，尤其是那些透气性差、散热不好的化纤类“兜裆裤”，会使阴囊处于密闭状态，空气不流通，很容易滋生细菌，从而引起生殖道的炎症。

总之，对于正处于青春期的男孩子来说，紧身裤不是最好的选择，出于健康的考虑，还是应该不穿或者尽量少穿。

专家支着

既然穿紧身裤对男孩来说不是好选择，那么处于青春期的男孩在选择衣服时又该注意哪些问题呢？一起来看看下面的注意事项吧。

① 选择透气性好、棉布质量的宽松裤子

青春期的男孩不论是在选择内裤的时候，还是在选择外面穿的裤子的时候，都要注意尽量选择透气性好、棉布质量的宽松裤子。不要只图一时的流行和时尚，而选择那些有碍于自己身体健康的紧身裤。男孩子要牢记，任何时候，健康都要比时尚重要。

② 选择适合自己的运动服饰

男孩一般都比较喜欢运动，因此运动服饰也便成为男孩平时服饰的最佳选择之一。在选择运动服的时候，要选择适合自己的，比如有化纤类的、有针织类的，不管哪一种，一定要确保自己穿上之后感觉轻松、舒适。这样，不仅显得阳光和活力，最重要的是对自己的身体发育不会产生太大的危害。

另外，男孩还要注意，在选择内裤的时候，一定要尽量选择纯棉质量地，并且也不宜过紧。

小贴士

紧身裤不适宜男孩穿，那牛仔裤呢？

牛仔裤的特点是布料粗、透气性差、裤裆紧小。因此，穿在身上易导致血液循环障碍，局部供血不良，神经受到压迫。时间长了，也会使臀部、大腿以及生殖器感觉功能降低，影响生殖器的发育。因此，从这个角度来讲，牛仔裤也并不适宜青春期的男孩经常穿，可选择布料相对柔软一些的牛仔裤。

其实，我不想当“四眼哥”

近视眼如何防护

以前觉得戴眼镜的都是知识分子，能提升自己的个人形象气质。可是直到自己真的戴上眼镜了，才发现根本就不是自己想的那样。尤其是别人喊自己“四眼哥”的时候，更是懊恼不已。唉，近视眼该如何防护啊？

男孩的烦恼

① 我真不想戴眼镜啊，怎么办

孙骁：这段时间看黑板总觉得不是很清楚，昨天去医院测试了一下视力，才知道自己有些近视。这让我很烦恼，因为我不想戴眼镜，不仅不方便，而且还会被扣上“四眼”的帽子。可是现在的我，又该如何去保护自己的视力呢？视力还能恢复到以前吗？

② 我讨厌戴眼镜，可是我不得不戴

君君：我最讨厌戴近视镜了，夏天出汗多，眼镜老往下滑；冬天从外边进屋里，眼前一片白茫茫。虽然我很讨厌，可是我不得不戴，因为我的眼睛近视了。都怪我以前不注意保护视力，现在想想真是后悔死啊，如果再回到从前，我一定会好好保护眼睛。

③ “小四眼”的帽子让我很难堪

明立：我才刚上初一眼睛就近视了，这当然与平时没有注意好好保护视力有关。因为年龄小就戴上了眼镜，班里的同学都喊我“小四眼”。每每听到这个称呼，我就很崩溃！我想知道近视眼该如何防护呢？是不是青春期的男孩眼睛都比较容易近视啊?

科学解析

视力的好坏直接影响着青春期男孩的学习和生活，而对于导致青春期男孩眼睛近视的原因，男孩子也就有必要了解一下。

（1）遗传因素

科学家研究认为，高度近视眼的双亲家庭，下一代的发病率就比较高。也就是说，如果男孩的父母都是近视眼的话，那么其眼睛近视的概率也就会大大增加。近视眼具有一定的遗传倾向，因此这也可以作为导致青春期男孩眼睛近视的原因之一。

（2）后天的环境因素

一般来说，青春期男孩眼睛近视主要是由于后天的用眼不当所造成的。处于青春期的男孩，眼球也处在生长发育阶段，在阅读或者进行书写等近距离工作时，用眼不当，时间长了就会出现近视眼。

可以说，遗传和环境因素是导致近视眼发生的主要因素。另外，长时间用眼或者眼睛疲劳等，也是造成近视眼发生的一些原因。

专家支着

那么，对于青春期的男孩来说，如何预防近视眼的发生呢？以下就是一些有效防护近视眼发生的注意事项，男孩子可以看一看。

① 合理安排学习与生活

保证每天有足够的休息和睡眠时间，坚持每天至少1个小时的体育活动，并注意合理的营养，多食用含维生素、蛋白质的食物，增强个人体质以及抗病能力。

② 注意用眼卫生

要养成良好的阅读和书写习惯。在阅读或者写字的时候要保持正确的姿势，不躺着看书，不走路看书，也不在暗弱或者强光下看书、写字。看书或者看电视的时间不宜过长，看电视时距离屏幕不可太近，要保持2米以上距离。

另外，定期到医院检查视力也是预防近视眼发生的一个注意事项。一旦发现视力有问题，要立即找出原因并及时采取防治措施。

小贴士

假性近视是怎么回事?

近视一般分为假性近视与真性近视以及混合性近视。假性近视是由于用眼过度致使睫状肌持续收缩痉挛，晶状体厚度增加，视物模糊不清。假性近视是功能性近视，利用药物、针灸、埋耳针及理疗仪器，或通过患者自身强化眼肌锻炼都可放松肌肉，缓解疲劳，使视力恢复到正常状态。假性近视若不及时缓解，眼球长期受到紧张的眼外肌的压迫，终究会导致眼轴变大而成为真性近视。

有了虫牙，都不敢张嘴笑了

龋齿如何防治

青春年少、意气风发、翩翩少年……这些词语都是形容青春期男孩的好词，虽然长着一张阳光的面孔，可是满嘴的坏牙却让我们跟这些词越来越远。甚至在面对他人的时候，都不敢张嘴笑了，真是郁闷啊！

男孩的烦恼

① 虫牙让我做什么都没了兴趣

亚恩：以前的我是个快乐、活泼、开朗并且兴趣广泛的男孩，可是现在我却变得郁郁寡欢，不愿意和同学来往了。这一切不是因为别的，就因为我这一嘴的虫牙，一笑就露馅了，真的非常有损我“帅哥”的形象。唉，现在真是做什么都没了兴趣。

② 牙疼死了，真快要了我的命了

敬羽：以前常听大人们说“牙疼不是病，疼起来要了命”，我想现在真是体会到这句话的“真理”所在了。昨天一晚上牙齿没完没了地疼，弄得我一晚上都没睡好觉。今天去医院一检查，医生说我的牙齿坏了，也就是长虫牙了。这可把我吓坏了，我该怎么办啊？

③ 听说龋齿可恐怖了，我该怎么预防呢

王兵：班里一个同学长龋齿了，看着他一嘴的坏牙以及牙疼起来难受的样子，我真是浑身发冷。再加上以前也听说龋齿可恐怖了，这让我不由得开始担心自己以后会不会长呢？在平时的生活中，我又该如何去预防这种牙齿疾病呢？

科学解析

以上这几个男孩子的烦恼，很多男孩子在生活中都会遇到。要想知道如何防止龋齿，就有必要先了解一些有关龋齿的知识。

（1）龋齿是什么

医学上所指的龋齿就是我们在平时生活中所说的“虫牙”“蛀牙”，龋齿是牙齿组织逐渐被破坏的一种病。

（2）形成龋齿的原因

龋齿的起因至今尚未弄清楚，总的来说和口腔中的细菌、食物有关。随着物质生活水平的不断提高，男孩子们吃的食物也越来越丰富，越来越精细，甜食也越来越多，从而导致青少年龋齿的发病率也越来越高。

（3）龋齿的病变过程

龋齿刚发生的时候，男孩可能没什么感觉，也不会觉得牙齿疼痛；当龋齿破坏较深后，出现大小不等的龋洞，遇食物嵌入或冷热酸甜刺激后就会感觉疼痛，这时病变已经开始波及牙髓，如不及时进行治疗的话，可能会引起牙髓病变，明显表现为牙龈肿胀。当炎症继续发展到牙根时，就会引起持续性疼痛，牙齿不能咬合，形成牙龈萎缩，甚至形成一个病灶，引起全身疾病。

龋齿是一种严重的牙齿疾病，男孩子应该在平时注意保护牙齿，预防这种牙齿疾病发生在自己身上。

专家支着

下面是一些预防龋齿发生的小方法，男孩子们一定要牢记在心。

① 保持口腔的清洁

这是预防龋齿最为重要的一点，在平时要养成刷牙和漱口的好习惯。尽可能地早晚各刷一次，饭后要注意漱口。有些男孩子可能习惯早晨洗漱的时候刷牙，其实晚上刷牙更重要。这是因为夜间间隔时间长，细菌也容易大量滋生，因此晚上刷牙很有必要。并且在刷牙的时候，要注意顺刷，即“上牙由上往下刷，下牙由下往上刷”“里里外外都要刷”。还要注意把牙缝和各个牙面上的食物残渣刷洗干净，不要横着刷牙，因为这样容易损伤牙龈，并且也刷不干净牙缝里的残渣。

② 养成合理的饮食习惯

合理的饮食习惯对预防龋齿很重要，男孩子在平时可以多吃一些粗糙、硬质和含纤维质的食物，以起到对牙面的摩擦和洁净作用，减少食物残屑在牙面的堆积。需要注意的是，在食用硬质食物时，要充分咀嚼，这样既能增强牙周组织，同时又能摩擦牙齿咬面，使窝沟变浅，从而减少窝沟龋。另外，在平常的饮食中，要控制甜食的进食量。

③ 养成定期做牙齿全面检查的好习惯

做牙齿全面检查，是为了能够及时发现牙齿可能出现的病变，对预防龋齿的发生也有着积极的作用。男孩子一旦发现自己患了龋齿，要及时到牙医那里进行医治。对于龋齿，要尽量做到早预防、早发现和早治疗。

除了上述方法之外，男孩子也可以在平时适当多饮用一些茶，因为茶中含有氟，氟离子与牙齿的钙质有很大的亲和力，能形成一种难溶于酸的“氟磷灰石”，能有效提高牙齿防酸抗龋的能力。

小贴士

龋齿俗称“虫牙”，难道发生龋齿真的是虫子在作怪吗?

龋齿俗称“虫牙”，但其实上龋齿并不是真正的虫子在作怪。过去个别江湖郎中为了愚弄人，故作玄虚地从牙齿上捉下“虫子”给人们看，其实这些不过是其骗人的小把戏罢了。龋齿的发生总体来说与牙齿本身的发育结构、饮食习惯和口腔卫生有很大关系。

阴部又潮又湿，真难受

如 何 护 理 隐 秘 部 位

青春期的保健很重要，尤其是隐秘部位的保健，更是让我们伤透了脑筋。有时候感觉下边很不舒服，可是平时又该怎么去护理自己的隐秘部位呢？作为男孩子，我们对这些问题的答案真的很急于知道。

男孩的烦恼

① 我该不会得了什么不好的病吧

王超：最近总是觉得自己像得了什么怪病，下边总是感觉湿乎乎的，刚换的内裤才一上午，有时候就变得潮潮的了。遇上这种事，自己不懂，又不好意思跟父母说，真是又担心又害怕啊！

② 阴部又潮又湿，不知道该怎么办

刘雨：近来一段时间，我总觉得自己的阴部和以前不一样。以前虽然也偶尔潮，但不会很“过分”。而最近就不同了，基本上一整天都感觉自己的下边湿漉漉、黏糊糊的。有时候还不到一天，就特想赶紧换内裤！唉，我该怎么办呢？

③ 知道要讲卫生，可是下边的卫生怎么去做呀

一扬：我知道只有在平时注意卫生，才能保持下身的干净和清爽。可是说实话，对于如何正确护理下身的隐秘部位，我还真是一窍不通。平时洗澡的时候，也只是简单洗洗，这样够吗？

科学解析

说到青春期的保健，就不得不说隐秘部位的保健。虽然可能会让男孩子们感觉别

扭，但是必须理性去看待。原因有以下两点：

（1）会阴区的“三多”容易滋生细菌

男孩子阴茎及其附近的地方称为会阴区，包括阴茎、阴囊、大腿根部和肛门四部分。这个地方的特点就是“三多”——褶皱多、分泌物多、汗腺多。阴茎的前端是尿道的开口，排尿后尿渍经常沾染在上面；在出现一些性冲动时产生的分泌物溢出后也会污染阴茎；而在阴茎的包皮和阴茎头后的陷沟处，褶皱非常多，容易堆积尿渍、汗渍和性冲动的分泌物，使会阴部的温度明显增高。这样一来，容易形成既潮湿又肮脏的环境，导致细菌滋生和繁殖。

（2）容易引起疾病

阴囊的后面紧挨着肛门，阴囊表面的褶皱也很多，再加上它上面丰富的汗腺，如果平时不注意的话，汗渍就会与肛门处残留的粪渍混合在一起，从而成为病菌的“天堂”。不仅感觉很难受，很不舒服，甚至还会散发难闻的臭味，引起龟头炎、包皮炎等疾病。

由此看来，青春期的男孩子有必要养成清洁卫生的好习惯，尤其要注意护理隐秘部位。

专家支着

相信很多男孩已经意识到了下身卫生的重要性，想要给隐秘部位最好的护理，一定要牢记以下几点。

① 经常清洗阴茎

养成勤洗澡和定期清洗外阴的习惯。在清洗阴茎的时候，要注意将覆在龟头上的包皮翻过来认真清洗干净，把包皮内、冠状沟等处的尿渍和包皮垢也要彻底清洗干净，阴囊和大腿根部也要洗干净，并保持干爽。在清洗阴茎外阴的时候，要注意不要玩弄阴茎，以免引发自慰。另外，还要注意清洗下身时不可用力过度，以免擦破皮肤黏膜，导致病菌侵入。

② 经常更换内裤

一定要选择透气性好的棉质内裤，而且要尽量款式合身，不要过紧，以保持阴部的通风和干燥。

③ 清洗下身的用具

清洗下身要用专用盆子和专用的毛巾，注意不要和脸盆尤其是洗脚盆混在一起用，也不要和他人一起用，做到个人专用。

为了自己的身体健康和发育，男孩子们一定要养成正确护理隐秘部位的习惯，并且要坚持下去，以让自己更加健康地生活和成长。

小贴士

冬天天气冷，如何护理隐秘部位呢？

冬天天气寒冷的时候，在睡觉前，男孩子可以先用温水清洗下身，然后再用专用的干净热毛巾擦拭会阴区。这样不仅能够达到清洁下身卫生的目的，同时也能促进全身血液循环，起到促进睡眠质量和健身防病的作用。

第五章

女孩，不那么讨厌了

随着青春期的到来以及男孩子性意识的觉醒，他们会对女孩产生好感与好奇。面对女孩，他们可能会紧张，会不知所措，会害羞……总之，在这一时期的男孩眼里，女孩不像以前那么讨厌了，甚至会充满“吸引力”。在这一章，就给男孩子们讲讲与女孩有关的那些事。

和女孩一接触就脸红

和女孩接触脸红为哪般

进入青春期，心理和生理都发生了微妙的变化，尤其是在和异性接触的时候，总是会不由得紧张、脸红，这让我们这些自称是“浑身充满阳刚之气”的男生好没面子。尤其是有些女生还爱拿这事开玩笑，更是让我们无颜面对自己男孩子的身份啊！

男孩的烦恼

① 又被女生笑话了，真是丢人

毛峰：我肯定自己是个特别开朗的男孩，可是最近不知道怎么回事，每次和女生说话的时候，总是会时不时地脸红。早晨，后桌女生借我的数学试卷，并且夸我数学好。听到她夸我，我的脸居然红了。结果对方开玩笑说：“哟，你还害羞了啊？真是个还没长大的小男孩！”说实话，当时觉得特丢人！

② 因为紧张，和女生说话我都不利索了

杨克：因为平时跟女孩接触不多，现在一跟女孩接触，我就会紧张。甚至有时候因为紧张，我说话都不利索。比如昨天，居然把“书用完了你再还我吧”说成“书用完了我再还你吧”！真是羞死了！

③ 怎么才能大大方方地和女生说话呢

胜坡：神啊，快帮帮我吧！我再也不想继续“丢人”了！我现在急切想知道和女生大大方方说话、接触的“秘籍”，因为我现在只要和女生说话，就会莫名地紧张，继而就表现得很不自然。我讨厌自己这样，可是我该怎么克服这种心理呢？

科学解析

可能很多青春期的男孩子都会有这种烦恼：为什么在跟女孩说话的时候总是紧张、脸红呢？真的很影响自己的形象问题。想要知道解决问题的答案，就需要先了解出现这种情况的原因。

（1）异性疏远期

随着年龄的增长，大多数的男孩子都意识到男女的两性差别，但是对于这种具体的差别仍旧处于一知半解的朦胧状态，于是便表现为既想和异性接触，同时又害怕和异性接触——这就是所谓的异性疏远期。在这段时期，男孩子的性功能发育尚未完全成熟，性别意识也刚开始萌芽，对身体的变化以及男女性别的差异感到茫然、害羞甚至于恐惧。虽然想了解异性的变化和想法，但却因为害怕被人发现自己的变化以及想法而紧张、焦虑，于是便本能地疏远异性，在与女孩接触的过程中也往往采取回避的态度。因此，在和女孩接触时，就特别容易感到拘束和难为情，从而出现紧张、慌乱、语无伦次、脸红等不自然的状况。

（2）太过于在意自己的表现

青春期的男孩子已经开始在意自身形象问题，尤其是在异性面前，希望能展现出自己最好的一面，以获得心理上的满足感。但是越是在意自己的表现，也就越容易出现心理紧张。在和女生接触的时候，可能就会不由得关注自己在对方眼中的形象、表现，结果是越介意就越容易紧张，从而流露出脸红、焦虑等不自然的情绪。

青春期的男孩子和女孩接触出现脸红，主要还是因为心理紧张的原因。只要能够克服这种紧张心理，就能够做到大方和自然。

专家支着

那么，男孩子又该如何做到在和女孩接触的时候放松自己的心理呢？

① 深呼吸

如果是因为紧张而脸红的话，在和女孩接触的时候，男孩不妨先来个深呼吸。一般来说，在感到紧张的时候，深呼吸能有效缓解紧张情绪。

② 不要过分在意自己的表现

男孩子要相信自己是独一无二的，因此没必要过分在意自己在异性眼中的形象如何，也无须刻意为之，只要大大方方地表现出自己最真实的一面即可。当这样想的时候，男孩就不会因为过于在意自己的表现而紧张，脸红自然也会消失。

③ 先试着和熟悉的女孩说话

有些男孩是在和不熟悉的女孩说话时才会紧张、脸红，对此，可以先试着和熟悉的女孩说话，比如表姐妹等，然后再试着和稍微有些陌生感的女孩接触，最后慢慢过渡到完全不熟悉的女孩。

小贴士

如果自己因为紧张、脸红被女孩笑话，怎么办?

假如男孩子因为紧张、脸红被女孩笑话的话，也没必要沮丧、气馁或觉得丢人、不好意思，不妨先让自己稍微平静一下，深呼吸一口气，然后告诉对方："刚才的表现确实有些不好，可能是因为我太紧张了，不过我想这很正常，相信我会慢慢改进的。"假如你大大方方地说出自己的想法，反而会让对方感觉到你的真诚，因此也就不会再笑话你。

该向她表白吗

偷偷喜欢上女孩怎么办

青春期是多梦的季节，在这个多梦的季节，总是会幻想自己是英俊的白马王子，有一天会牵着自己心目中的公主，一起幸福快乐地生活——现在，心目中的"公主"出现了，该不该向她表白呢？

男孩的烦恼

① 暗恋上了隔壁的学姐

建波：我读初二，隔壁是初三。最近每次经过隔壁班的时候，总会透过窗户看到一个扎着马尾低头学习的女孩。一次不经意地一瞥，正好看到了她清秀、白净的面容，我的心突然变得紧张起来。我想我是喜欢上了隔壁班的这位学姐，可是我却不知道该不该告诉她，向她表白，好苦恼啊！

② 我准备向她告白了，可是却总没有勇气

亚宁：她是班里最活泼、最漂亮的女孩，每次看到她，听到她银铃般的笑声，我的心都会不由得紧张和激动。我觉得我陷进去了，我真的很喜欢她，甚至我都准备向她告白了。可是，每次话到嘴边我的勇气就又消失不见了，难道我只能这样偷偷喜欢着她吗？

③ 喜欢和爱是一回事吗

天立：经常看到电视剧中的男女主角爱得死去活来的，我现在好像也“爱”上了班里的一个女孩。我希望每天看到她，如果哪天她没来上课，我心里会失落很久，我肯定我喜欢她，可是我对她的喜欢是不是爱呢？喜欢是什么？爱又是什么呢？

科学解析

每个女孩都会做梦，男孩其实也一样。随着年龄的增长和生理的发育，他们会在现实生活中寻找心目中理想的“公主”，并渴望和“公主”在一起。但是这种情感只能称为“喜欢”，它与真正的爱并不等同。而关于喜欢和爱，男孩子们应当有以下认识：

（1）与喜欢相比，爱包含更亲密的感情

喜欢是尊重对方，认为对方身上有一定的优点值得自己去关注、去尊重，并且会给予很高的评价。而爱则包含更亲密的感情，关怀对方，情绪上对对方有依赖。青春期的很多男孩都会对异性产生好感，但这种好感并不能称之为爱，最多只是有浓烈的喜欢感觉而已。

（2）真正的爱应从三种因素去理解

心理学家认为，爱应该从情绪、动机和认知三种因素去理解。真正的爱不只是比喜欢更浓烈，还需要涵盖这三种因素：情绪上有亲密的感觉，这种亲密感会使个体产生喜欢接近对方、彼此相互感到温暖，而非一个人单方面有这种感觉；动机方面要有激情，包括生理需求及冲动；认知上要有承诺，这种承诺是自己在理性选择下所做的决定，愿意为维持双方关系而做的决定。

由此可知，青春期男孩所表现出来的对异性的好感和喜欢并非真正意义上的爱，只是一种自然萌动的感觉。形象一点说，喜欢就如同一条小河，清澈见底；而爱，则是一片浩瀚汪洋，无边无际。

专家支着

青春期男孩偷偷喜欢上异性是很正常的，那么对于自己的这种情感，又该做何处理呢？可以参考以下的方法。

① 默默关注会更好

喜欢一个人不一定要向她表白，和她谈恋爱。相反，在心里默默关注她，让她在无形中给你动力或许会更好。站在远处静静地欣赏她身上的优点与魅力，并争取发挥自己的聪明才智，努力做得和她一样出色。这样的话，你会感到她不仅吸引你，并且也会成为使你越来越优秀的动力。

② 珍惜这份纯粹的暗恋

暗恋也是一种感情，比恋爱更隐私，也相对痛苦一些，但它却是一种不要求回报的爱，这种爱是人最纯粹的情感之一。所以，青春期男孩如果暗恋一个人，一定要珍惜这份美好又带点小痛苦的情感，并努力将这种情感转化为一种尊重和欣赏。

③ 试着转移注意力，多想想其他有意义的事

偷偷喜欢上一个人，千万不要因为一时的冲动而向对方表白。要知道，那样做的后果可能是给彼此带来更多的麻烦。男孩子可以试着转移自己的注意力，不要总是想着对方，关注对方的一举一动，可以想想其他有意义的事情，多参加一些集体活动，比如知识竞赛、体育比赛等。当你将注意力转移到这些事情上的时候，自然就不会再过多关注喜欢的异性，内心也就不会再有“煎熬”的感觉。

青春期的男孩子要明白，此阶段的主业是学习，喜欢一个人虽然没有错，但是也要尽量理性克制这份情感，让这份纯粹、美好的情感慢慢升华为一种欣赏和尊重。

小贴士

这种单纯的喜欢是不是也与青春期的性心理发展有关呢?

心理学家总结出青春期的性心理发展要经历四个阶段：疏远期、向往年长异性期、接近异性期以及正式的恋爱期。这四个阶段没有明显的界线，只是个大概的划分。一般来说，青春期的男孩子开始偷偷喜欢异性，多是从第二个到第三个阶段的过渡期。从这个角度理解，这种喜欢是与青春期的性心理发展有一定关系的。

我要表现得像“男子汉”

为什么爱在女孩面前表现自己了

青春期的到来，除了生理的变化，心理似乎也发生变化了。尤其是在异性面前，好像特别愿意积极地表现自己，尤其要表现得像“男子汉”一样，这是什么原因？甚至，有时候还会刻意表现自己。

男孩的烦恼

① 我讨厌“虚伪”的自己

郭涛：越来越觉得自己虚伪了，也越来越讨厌自己了。昨天在一个女孩面前，我故意装作很积极的样子，帮助她把很沉的垃圾桶倒了。其实，内心深处并没有想着帮她，只是不知道为什么会希望在她面前表现出自己“男子汉”的一面。我这样是不是很虚伪呢？

② 我觉得自己很能“装”

薛明：说实话，我以前特看不惯、特鄙视那些在女生面前故意“装”的男生。可是现在，我时不时地在女生面前“装”。就拿上午的事来说吧，老师问谁能帮她去五楼的办公室把试卷拿下来，我想也没想就举手，还强调自己一个人就能搞定。结果，当我把一摞厚厚的试卷从五楼搬到一楼教室后，自己累得都快起不来了。我这样“装”，其实就是想让班里的女生觉得我很厉害。

③ 为了“讨好”异性，我只能“委屈”自己

明波：课间打热水的时候正好遇上班里俩女孩，她们每人都提着俩暖壶。因为我就提着一只，遇上便主动要求帮助她们。其中一个女孩开玩笑说：“要帮就帮到底，我俩你都得帮。”“没问题，一人给我一只吧！”我满不在乎地说，然后一手拎着我自己的暖壶，另外一手拎着她们两个的，并且还装作一副很轻松的样子。唉，其实我这是为了“讨好”她们才“委屈”自己的！

科学解析

很多男孩可能都会觉得自己好像特别喜欢在女孩面前表现自己“男子汉”的一面，其实这种心理很正常，至于原因，有以下几点：

（1）激素在“作怪”

进入青春期后，男孩体内的睾丸素分泌旺盛，也赋予了男孩男子汉的特性。这使得他们比女孩更富有探索欲、领导欲和创造欲，因此也特别喜欢在女孩面前表现自己。

（2）男孩的独立意识形成比女孩早

男孩的独立意识形成比女孩早，也就是说他们会比女孩更早地走向独立。经过试验研究发现，六个月大小的男女婴在面对困难的时候，男婴已经开始试图通过自己的探索寻找解决问题的途径，而不是和女婴一样哭泣。因此，在面对同一问题的时候，男孩往往表现得更加镇定，这也算是男孩的一种本能。

（3）生理因素的影响

随着性发育的日渐成熟，青春期男孩会对与自己年龄相当的女孩产生浓厚的兴趣，十分渴盼和女孩有所接触，尤其是让自己喜欢的女孩注意到自己。因此，他们便会在各种场合想方设法去吸引对方对自己的注意，并且一旦有接触的机会就会尽量表现自己，以让女孩注意和欣赏自己。

以上这些都决定了男孩会特别喜欢在女孩面前表现自己，这也就是人们常说的异性效应——因为对女孩非常关注，不仅希望通过自己的表现来赢得对方的注意，也想通过自己的表现来获得对方的好感和佩服。

专家支着

青春期的男孩子喜欢在女孩面前表现自己，这是一种正常的心理现象。但是即使如此，男孩子在表现的时候，也需要注意一些表现的方法。

① 要采取积极的手段

比如在上课的时候踊跃发言，积极完成老师布置的各项作业，考试的时候正确考出优异的成绩。这样的表现方法更能引起女孩的注意，获得她们的尊敬和佩服。

② 不断提高自身的素养

比如男孩子们可以多读一些积极健康的书籍，拓宽自己的知识面，以便让自己的知识更加渊博。在体育和文艺方面有特长的话，一定要充分发挥出来等。

③ 切忌用“小儿科”去表现自己的“男子汉”气概

有些男孩受电影、电视的影响，觉得打架很威风，很能显示自己的“男子汉”气概。因此在现实生活中，也会刻意模仿影视剧中的做法，靠打架、耍小聪明、出卖洋相来吸引女孩子的眼球。其实这样不但不会获得她们的好感，反而会让她们产生反感，觉得你是个没有修养的人。

男孩子想要博得女孩的好感和注意，最重要的是让自己优秀起来，不管是在学习上，还是在其他方面。唯有如此，才能让自己在女孩面前更加有魅力和吸引力。

小贴士

别为表现自己而做一些不切实际的“荒唐事”

有些男孩子为了在女孩面前表现自己很阳刚，很有男子汉气概，甚至根本不考虑实际情况，做自己根本做不来的事情。所以，男孩子们也要注意，就算想要表现自己的男子汉气概，也需要实事求是，而不是不考虑实际情况，否则反而可能会让自己“出糗”。

她竟然向我表白了

遭到女孩表白怎么办

以前总觉得都是男孩子追女孩子，因为女孩子一般都比较矜持和害羞，可是怎么也没想到，现在女孩子也变得“开放”了，开始主动追男孩子了。虽然被人喜欢证明自己很有魅力，可是真的遭到女孩表白了，又该怎么处理呢?

男孩的烦恼

① 女孩向我表白，吓得我不敢再面对她

徐飞：前几天班里的一个女孩突然向我表白，说她喜欢我很久了，喜欢我的安静，喜欢我身上的书卷气……可是，我却很慌乱，不知道该如何去面对她。我知道，我这样可能会伤害她，可是我到底该怎么办呢？我觉得现在并不是谈恋爱的时候……

② 她向我表白了，我也有点儿喜欢她，我们可以谈恋爱吗

博文：班上有一个很活泼、很开朗的女孩，从开学第一天我就注意到了她。但是让我没想到的是，这个女孩居然向我表白说对我有好感。说实话，我好像也有点儿喜欢她，可是我们现在能谈恋爱吗？听说早恋很不好……

③ 我如果拒绝她，她以后会不会不理我啊

冬瓜：后座是一个女孩，因为经常问我学习上的问题和她逐渐熟了起来。我能感觉到她对我有那种意思，但我一直都很“淡定”。可是昨天她却直接向我表白了，这让我一下子慌了神。其实我想拒绝她，可是又害怕这样会伤害她。

科学解析

现在有很多“女追男”的事情，其实出现这种情况一点也不奇怪。

（1）女孩发育早于男孩子

在青春期的发育上，女孩要早于男孩子两年左右，因此女孩在生理和心理的成熟上也是走在男孩子前面的。并且很多男孩子可能也会有这种感觉，同龄的女孩子似乎总比自己成熟很多。所以，女孩子发育早于男孩子会让她们主动向喜欢的男孩子靠近。

（2）在对待异性的感觉上，女孩子也是“走”在男孩子前面的

可能男孩子不知道，自己正处于懵懵懂懂的时候，同龄的女孩子已经有了自己喜欢

的男孩子的标准了，比如他一定要高、一定要爱笑等，并且还会在自己的身边寻找符合自己标准的男孩。因此，如果你正好符合某个女孩心目中喜欢的男孩标准的话，很可能就会遭遇其表白。在这个年代，女孩子越来越开放，也相对大胆了很多，因此女追男也就显得很平常了。

青春期的男孩子遭遇女孩表白时有发生，如果遇到了，也无须紧张和焦虑。被女孩表白，说明自己有一定的优点和魅力，应该感到高兴和自豪。

专家支着

虽然被女孩表白说明自己有一定的魅力和优点，可是毕竟这段时期彼此的心理和生理发育都还没有完全成熟，再加上又是学习的关键时期，因此在遭到女孩表白时，可以这么做：

① 要尊重女孩对自己的情感

被女孩子喜欢，男孩应该感到骄傲，就算对方并非自己喜欢的人，也一定要尊重对方对自己的这份美好情感。千万不能将女孩对自己表白这件事当作笑话、玩笑一样在同学之间传播，以免引起同学们的嘲笑、起哄，伤害到女孩子的自尊心。

② 如果对方是自己喜欢的女孩，要控制好自己的感情

假如向自己表白的那个女孩正好是自己心仪的女孩时，在激动过后，男孩子更需要的是冷静。男孩一定要控制好自己的感情，不要因为一时的冲动而轻易答应对方。可以和对方认真地谈一谈，告诉她她身上也有吸引你的地方，但是现在还不是谈恋爱的时候。假如男孩的态度够真诚的话，相信女孩也一定会理解。

③ 如果女孩的表白很含蓄，只要假装不知道即可

假如对方并没有明确表示，而只是暗示喜欢和你在一起，比如一起写作业、一起聊天等，那么你不妨就装作什么也不知道吧，并且一定要避免单独和其相处，给她冷静、淡化的时间。相信对方够聪明的话，也会明白你的真实态度，从而放弃继续

“追”你。

小贴士

如果对方“穷追不舍”，又该如何处理呢?

假如对方“穷追不舍”，甚至已经影响到了你正常的生活和学习，那么可以选择私下里开诚布公地告诉父母或者老师，请他们帮助自己解决这个问题。但是一定要注意沟通的技巧和方法，尽量以最为温和、适当的并且不会伤害对方的方式解决。

郁闷，表白后被拒绝了

被女孩拒绝了如何收场

鼓足勇气向心仪的女孩表白，却不想被对方拒绝，真是没面子！尤其是想到以后在班里抬头不见低头见的，心里更是五味杂陈，恨不得找个地缝钻进去。这种郁闷的心情谁能理解？要知道，我们男孩也是要自尊心的啊……

男孩的烦恼

① 被拒绝后，我无法再面对她

李宁：之前一直对自己充满信心，长着一张帅气的面孔，学习成绩也不错，篮球打得也很好……总之，觉得自己很优秀。可是怎么也没想到的是，如此优秀的我向一个喜欢的女孩表白，却遭到了对方的拒绝。这让我十分没面子，到现在我都不敢再去面对她。

② 丢人，被女孩拒绝了

童童：我喜欢上了班里的一个女孩，并且主动向对方表白了。原本以为她也喜欢我的，可是没想到她却以“现在不想谈这些事”为由拒绝了我。这让我觉得自己很丢人，一连好几天都没法静下心来。唉，真是郁闷！

③ 她拒绝了我，我竟然有些恨她

金鑫：之前很喜欢她，可是现在竟然有些恨她，难道这就是所谓的“由爱生恨”吗？之所以恨她，是因为她拒绝了我的表白，让我的心灵受到了伤害。其实我知道我不该恨她，可是每每想起这件事，我心里就很不舒服……

科学解析

青春期的男孩充满活力，也比较冲动，面对喜欢的女孩，可能会因为一时的冲动而向对方表白，但是对方可能并不“领情”。其实对于对方的拒绝，男孩也应该客观地看待。

（1）不是所有的人都会喜欢你

很多青春期的男孩可能会因为自己长得帅或者优秀而自恋，觉得别人都会喜欢自己。其实不然，就算你再好，也还是会有不喜欢你的人，而拒绝你的那个女孩很可能就是这个人。所以，面对对方的拒绝，男孩不要因此对自己失去信心或者觉得受到打击了，而是要收回自己的心，努力学习，等待以后生命中的那个她出现。

（2）要知道，被拒绝的爱其实也很美丽

爱情是美好的，当你怀着真诚的心向对方表白的时候，说明你在一定程度上还是很勇敢的，纵使这勇敢中可能带着一丝冲动，但是无论怎样，你是个敢于表达自己内心情感的人，这一点很好。所以即使被对方拒绝，也没必要过分难过、沮丧，要知道，被拒绝的爱其实也很美丽。

青春期并非是恋爱的时期，因此从这个角度来说，被拒绝可能并非一件坏事，会让男孩子在成长的同时，也明白什么才是此阶段最重要的事情。

专家支着

虽然说被女孩拒绝没什么，但还是会有很多男孩子迈不过这个“坎儿”，不知道该如何收场，其实只要男孩子想开了，就什么事情也没有。

① 别急于否定自己

有些男孩一旦被女孩拒绝，就会觉得自己不好，觉得自己不够优秀，因此才会被对方拒绝。对此，要告诫男孩子们千万别因此而急于否定自己，要知道不仅仅是感情，在生活中的其他事情上也不是一帆风顺的。不妨趁着自己被拒绝的“机会”，多反思自己的不足，然后积极改正，从而不断提高自己。

② 注意自己的言行举止

在被女孩拒绝后，男孩一定要注意自己的言行举止，不要纠缠对方，更不要自己一蹶不振，而是要努力将精力和注意放到学习以及其他有意义的事情上，通过不断努力来提升自己各个方面的能力和素养。

③ 不要恨对方，也没必要回避对方

对于拒绝自己的那个女孩，男孩一定不要恨对方，当然也没必要回避对方。不妨尝试着放开自己的心，去接触更多的人，从而减轻其在自己心中的分量。在面对对方时，只要跟平时一样表现得自然、落落大方就可以了。

被拒绝，既没必要消沉，也没必要对对方有什么想法，能做的就是要积极调整自己的情绪和心态，理性地去面对这件事，并快乐学习和生活。

小贴士

被拒绝之后，还能和对方做普通朋友吗？

很多男孩觉得被拒绝之后就很难再和对方做朋友了，哪怕是普通朋友，也会觉得很别扭。其实完全没必要，男孩不妨大度一些，主动和对方解释一下。并且在以后的日常相处中，按照普通朋友的标准和其接触、沟通。虽然不能收获爱情之果，但只要真诚，却能够收获友谊之花。

女生都说我太老实了

女孩都喜欢坏坏的男孩吗

原来一直以为老实是一种美德，也是一种品质，甚至还会觉得这是自己身上的闪光点。可是现在却发现，“老实”这个词似乎成了贬义词，因为女孩似乎都更加喜欢坏坏的男孩，这是怎么回事呢？

男孩的烦恼？

① 老实难道不好吗

瑞宁：课间无意中听到后桌的两个女孩在讨论班上的男孩，说到我的时候，其中一个女孩说：“他太老实了吧，我不喜欢那种太老实的男生。”我就纳闷了：为什么现在的女孩都对老实的男孩有偏见呢？难道老实不好吗？

② 现在的女孩是不是都喜欢坏坏的男孩啊

王帅：以前常听父母说，坏男孩到哪里都不受欢迎，可是现在在学校，越是坏坏的男孩，似乎越招女孩子们的喜欢。比如我们班上那个学习成绩糟糕，并且总爱捣乱的李扬，居然成了好几个女孩暗恋的对象。真是让人猜不透，现在的女孩是不是都喜欢坏坏的男孩啊？

③ 现在怎么觉得说我老实是在讽刺我啊

杨元：从小到大，周围人对我的评价一直都是“忠厚、老实、可靠”。对于这种评价，我也一直很骄傲。可是现在，当别人再评价我老实的时候，我会觉得他是在讽刺我。因为现在听说女孩子根本不喜欢老实的男孩，而是喜欢坏坏的男孩。那是不是我想讨女孩的喜欢，就得变坏一些啊？

科学解析

青春期的男孩随着性意识的觉醒和发展，已经开始希望通过自己的魅力与特质去吸引异性的注意，希望受到异性的欢迎。但是他们可能发现，女孩似乎并不是很喜欢老实的男孩，而是喜欢相对“坏”一些的男孩。对于女孩子喜欢什么样的男孩子，不妨先看看下面的分析。

（1）“坏”男孩之所以吸引女孩是因为其身上有一定的特质

很多男孩都会纳闷为什么很多女孩都会喜欢那种学习成绩不好，甚至是有点儿“坏”的男孩。其实女孩和男孩一样，这一时期的心理发育并不完全成熟，她们之所以喜欢那种坏坏的男孩，一个原因可能是出于逆反心理，另外一个原因就是这些坏男孩身上有吸引她们的特质，比如仗义、矫健、开朗等。

（2）具体标准虽不同，但传统的要求不会变

虽然每个时代女孩喜欢男孩的标准有所不同，但无论是传统观念还是社会角色的要求，女性对男性的期待依旧是相对传统的：坚强、勇敢、能干、有责任心，成年以后还要能成就自己的事业，能照顾好家庭等。根据一项调查发现，在青少年中，女孩欣赏的男生十大排名为：勇敢的；幽默、诙谐的；思维敏捷、应变能力强的；好学的；团结同学、重视友情的；集体荣誉感强的；有主见的；热心助人的；有强烈上进心的以及勇于承担责任、有魄力的男孩。由此也可以看出，虽然每个时代的具体标准会有所不同，但

是传统的要求并不会改变。

所以，对于女孩喜欢“坏”男孩这种现象，男孩应该理性去看待，也无须因为这个问题而感到不开心，只要做好自己就行了。

专家支着

那么，男孩在平时应该如何让自己成为受欢迎的人呢？

① 不断提升自己的个人魅力

男孩子想要成为受欢迎的人，最重要的是在与人交往的时候要懂得顾及别人的感受，多为他人着想。积极培养自己的自信心，在学习和生活中积极主动与同学联系，而不是整天只闷着头死读书。另外，还要主动与同学进行沟通和交流，在思想上鼓励他人，在行动上积极帮助他人，这样在不知不觉中，男孩子的魅力就会大增，自然也就能得到同性同学以及异性同学的欢迎和欣赏。

② 积极培养自己的个性特点

要知道每个人都有自己的特点、专长，有自己最出色的地方。比如，在相貌上可能不是很帅，但是学习成绩很好；再比如，学习成绩一般，但是在运动场上却健壮、阳光等。所以，男孩们要找到自己身上的潜能和优点，并充分挖掘和发挥出来，自然也就能成为异性眼中有个性、有特点的男生。

总之，男孩不用太在意异性心目中的那个“标准”，只要努力做好自己，让自己变得越来越优秀、越来越充满个性就可以了。

小贴士

女孩说我老实，是不是说明她们不喜欢我呢?

每个人都有自己的个性特点，每个人也都有自己喜欢的标准。有些女孩可能喜欢那些坏坏的男孩，但是也有的女孩喜欢踏实、勤奋的男孩。因此，就算被女孩评价为“老实”，男孩子也无须沮丧和郁闷，最重要的还是保持积极、昂扬的姿态，不断提高自身的科学文化素养。只有这样，才能受到所有人的注意和喜欢。

和班里女生成了“哥们儿”

怎样正确地和女孩交往呢

青春期是男孩和女孩都比较敏感的时期，我们喜欢和性格开朗的女孩接触、交流，甚至还会把对方视为自己的“哥们儿”。可是，这样和女孩成为“哥们儿”算不算超出友情的界限呢?如果是，那么又该如何正确和女孩交往呢?

男孩的烦恼

① 我和班上一女孩儿特谈得来，我视她为哥们儿，这样可以吗

逍遥：我和班上一位活泼的女孩特别谈得来，我们都喜欢钻研数学题，热衷NBA比赛。没事的时候，总是喜欢一起评论NBA的各个球队、球员。说实话，我一直都拿她当谈得来的哥们儿，但是她毕竟是女生，这样合适吗?

② 很欣赏一位女孩，但是又不敢跟她有过多的接触

泽辉：我很欣赏班上一位女孩，她的性格很豪爽，有点像男孩子，她热衷体育运

动。我被她的性格和兴趣深深吸引着，但是这种吸引绝对不是那种男女之间的吸引。即使如此，我还是不敢跟她有过多的接触，因为害怕被别人误会。

③ 被同学们怀疑，我很郁闷

刘东：我后桌是一位女孩，我俩关系不错，平时在学习上互相帮助，课下也经常一起讨论各种问题。在我看来，她就是我一特别好的哥们儿，可是同学们却不这么认为，觉得我跟她有什么。这让我很郁闷，到底该怎样正确和女孩交往呢？

科学解析

同龄人之间，不管是男孩还是女孩，只要兴趣、爱好相似，就很容易产生共同的话题。其实，男孩和女孩之间的正常交往，也是彼此成长的需要。

（1）男孩和女孩正常交往具有互补性

这种互补性包括个性上的互补，心理上的互勉，情感上的互慰以及智力上的互偿。男孩通过和女孩正常交往，精神世界会越来越丰富，异性间心理的需要得到满足，并且也会体会到女性特有的细腻和温和。

（2）有助于双方的共同成长

比如男孩的思维比较敏捷、开阔和深刻，并且擅长独立思考问题，但是却容易出现考虑问题不细致、不周全。而女孩思路虽然相对窄一些，逻辑思维也不太强，但思维却相对细致。通过彼此的接触和交流，可以使双方都取长补短，使自己得到全面发展。

（3）有助于加深对异性的了解

男孩通过和女孩接触、交往，能够减少对异性的好奇和神秘感，有助于促进其心理健康发展，使男孩更加了解女孩，女孩也更加了解男孩，因此对双方来讲，都是有一定的积极作用的。

青春期的男孩如果能学会和女孩正常接触、交往，对自己的成长是有一定帮助的，因此应该得到鼓励和提倡。

专家支着

虽然说青春期男孩和女孩交往有助于彼此的成长，但是毕竟处于一个特殊的成长阶段，再加上身心发展没有完全成熟，在交往的时候，也还是需要注意一些事情的。

① 要互相尊重和理解

男孩和女孩在身体、性格、气质、兴趣爱好等方面一般都存在着较大的差异，在交往的过程中，只有彼此相互尊重和理解，双方之间的友谊才能得以维持和发展。

② 在交往过程中不要太随便

真正的异性朋友，自然可以光明正大地交流和接触。但是毕竟有性别的差异，因此一举一动都要做到大方得体，不能太过于随便。否则不仅会使彼此的友谊受到影响，也会给彼此的学习和生活带来困扰。

③ 注意交往场所的选择

和异性朋友接触、交流的时候尽量选择人多的场所，如果是单独相处的话，就更要注意避开偏僻、人少、昏暗的地方。

另外，男孩和女孩正常交往，还有很重要的一点，就是分清楚友谊与爱情的界限，尽量避免引起过多的误会。

小贴士

异性间的友谊和爱情有什么区别呢?

两者的内涵不同，友谊是同学之间平等的、真诚的、亲密的关系，而爱情则是一对男女之爱；两者的对象也不同，友谊是广泛的交往，而爱情则是一对男女之间发生的。

女孩总说我不绅士

男孩该让着女孩吗

都说“男女平等”，可是现在怎么觉得这句话似乎不大正确啊？！有时候会被女孩说我们男孩子不够绅士，这让我们很纳闷：不是男女平等吗？我们为什么一定要让着你们？你们为何不能让着我们男孩子呢？

男孩的烦恼

① 凭什么就得我们男生让着女生啊

石强：我真是忍无可忍了！今天后桌的女孩借我的彩笔，后来我也要用了，便跟她要。可是她却非得让我等一会儿，等她用完再用。这可是我的笔啊，为什么要我等。结果，对方却来了一句“你这人真不绅士，一点也不像个男的”！真是气死我了！凭什么就得我们男生让着女生啊！

② 难道是女孩就有理了吗

牛涛：已经好几次了，在班里班主任似乎总是有意无意地向我们传达这样一种思想：你们是男孩，要多让着点女同学。这让我们几个男生很是不服气，我们是男生怎么了？她们是女生就有理了吗？不是说男女平等吗？为何还一直要求我们男的让着女的？很是不理解！

③ 我觉得不公平，谁能给我解释一下

昭昭：做值日的时候，同组的一个女孩指着笨重的垃圾桶对我说：“你把垃圾桶倒了吧！”我记得上次做值日就是我倒的，于是便说：“上次就是我倒的，这次该你了吧！”谁知那个女孩居然很不高兴地说：“你还是男的呢，怎么这么小心眼啊，不知道男生该让着女生吗？真是没有一点绅士风度！”我觉得她这样说真的很不公平，难道我

说的不对吗？谁又能给我解释一下呢？

科学解析

可能很多青春期的男孩都会心有不甘，为何有时候明明是自己说得对，可还是会被要求让着女孩，然后就会觉得这不公平。但是，相信男孩在看了下面的解释之后，就会明白很多。

（1）和男孩相比，女孩相对柔弱一些

提到男孩，人们想到的一定是坚强、勇敢、阳刚等这些比较有“力”的形容词；而提到女孩，人们想到的则是娇弱、可爱、乖巧等相对“弱”一些的形容词。单是从这个角度就可以看出，在人们的意识中，女孩相对要比男孩柔弱一些。真实的情况也是如此，尤其是在做一些力气活儿的时候，这点就表现得非常突出。因此，女孩自然也就需要更多的帮助和保护。

（2）让着女孩是男孩风度的一种体现

相信每个男孩都喜欢被人称赞，而让着女孩其实就是男孩风度的一种体现。一个男孩如果懂得尊重、包容、让着女孩，往往会是一个有修养的人。所以，想要成为风度翩翩的绅士，男孩自然应该对女孩有所忍让与帮助。

（3）“女士优先”是一种感恩之意

相信很多男孩都听过“女士优先”，讲究“女士优先”并非是说女性一定是弱者，值得同情和怜悯，也不是为了讨好女性而别有用心。从根本上说，之所以提出“女士优先”的要求，是因为女性乃“人类的母亲”。在平时的生活和交往中，给予女性适当的、必要的优待和照顾，实际上就是在表达对“人类母亲”所特有的一种感恩之意。

在风度翩翩的绅士与举止无礼的莽夫之间，相信绝大多数的男孩都会选择前者吧。所以，男孩让着女孩不是不公平，而是男孩修养和风度的体现。

专家支着

让男孩适当让着女孩，并非是说让男孩时时刻刻都要服从女孩的“命令”，有了委屈也不能说出来，而是在平时的交往中要适当表现得大度一些。

① 在体力劳动上，尽量帮助女生

一般在学校都会进行一些劳动，比如平时做值日或者卫生大扫除等，在进行这些劳动的时候，男孩应该表现得积极、勇敢一些。一些相对需要体力的活儿，如倒垃圾、抬水、上高处擦玻璃等，男孩子就可以帮助女孩子多做一些。从这些小事中，就能显示出自己的大度和涵养。

② 不要小心眼和女孩斤斤计较

女孩一般都比较敏感，心眼也相对小一些，在平时的交往中，难免会因为一些小事而有所争执。对此，男孩要体谅女孩特有的小心眼，不要过于斤斤计较，更不要和对方争得脸红脖子粗。要知道，一个男孩大度、忍让、宽容，是最让人欣赏和佩服的优点、品质之一。

小贴士

到底何谓“女士优先”呢?

“女士优先”起源于欧洲中世纪的骑士之风，是传统欧美礼节的基础，后来成为国际社会公认的重要礼仪原则，主要用于人们进行社交活动之时。其含义为：在一切社交场合，每一名成年男子都有义务主动而自觉地以自己的实际行动去尊重、照顾、体谅和保护女性，并想方设法、尽心尽力地为女性排忧解难。

班里人总说“我和李莉是一对儿”

面对流言该怎么办

青春期意味着我们长大了，原本以为长大了烦恼就少了，却不想越长大，烦恼也就越多。其中就包括与异性在交往过程中的一些烦恼，自己以为是正常的交往，在他人看来却不大正常，甚至流言蜚语都传出来了，真是让人头疼。

男孩的烦恼

① 因为流言，我失去了一位朋友

周斌：我对数学非常感兴趣，恰好刚调到我后边的一位女孩也很喜欢数学，因此课余时间我们经常一起讨论数学题，甚至有时候会因为一道题目争得面红耳赤。我俩视彼此为志趣相同的好朋友，却不想引来了班里同学的误会，说我俩是“一对儿”。面对流言，她很受伤，主动请求老师调座位，甚至现在根本不跟我说一句话。

② 流言蜚语让我和她很郁闷

东宁：因为和班上的一位女孩住一个小区，因此一直以来放学都是结伴回家。以前什么事也没有，可是现在却从同学那儿传来我俩谈恋爱的消息，还说什么我俩是“青梅竹马”“两小无猜”。同学们看我们的眼光也总是怪怪的，这让我和她非常郁闷，难道我们长大了就不能再像小时候那样一起结伴回家了吗？

③ 我和同学打架了，因为他传播我的流言

可辉：我一直是一个非常淡定和绅士的男孩，可是昨天却和同学大打出手了。原因是这位同学在班里传我和班上的一位女生是“一对儿”。我觉得他这是在故意诋毁我，让我非常生气，一怒之下就和他动手了。结果，打架一事被老师发现了，我俩也均被严肃处理。唉，真是郁闷啊！

科学解析

随着物质生活水平的提高，现在的孩子成熟得越来越早，再加上社会生活环境的影响，对男女关系的了解和关注也越来越多。青春期的男孩女孩更是喜欢捕风捉影，妄加猜测周围同学之间的关系。

（1）好奇心的驱使

处于青春期的男孩和女孩好奇心比较强，尤其是随着生理发育和心理的发育，再加上对男女之事的懵懂，往往会使他们更加关注和好奇。因此当周围有的男孩和女孩走得稍微近的时候，便会捕风捉影，开始猜测其关系。这在一定程度了满足了这些青春期少男少女的好奇心，但同时也给他人造成了一定的负面影响和困扰。

（2）青春期特有的敏感心理

无论男孩还是女孩，一旦进入青春期，往往都会变得非常敏感，对于异性之间的相处和交往更是敏感异常。并且，这个阶段的男孩和女孩对异性充满好奇与渴望，但同时羞耻心又使得他们对异性产生排斥心理。在这样一种既好奇又排斥的矛盾心理作用下，便对其他同性与异性之间的接触非常敏感，由此也会主观臆断去猜测对方两人的关系，继而“传播”这种流言蜚语。

可以说，青春期的男孩之所以会受到流言的困扰，与上述两方面原因有很大的关系，再加上这一时期的男孩比较冲动，面对流言很容易烦恼或者产生过激行为。

专家支着

面对这种不符合实际的流言，大多数的男孩子都会烦恼，对此男孩们不妨采取以下措施，去面对这种“不靠谱儿”的传言。

①“身正不怕影子斜”，不必过于在意

流言对于青春期的男孩来说是一个打击，但是面对这种根本不是事实的流言蜚语，男孩子要想到自己是个男子汉，俗话说“身正不怕影子斜”，只要自己问心无愧，对于

那些流言蜚语也就不必过于在意。不妨勇敢地站出来，与传播流言的同学对质。相信你够真诚、够坦然的话，对方也一定不会再对你“妄加评论”。

② 可以请求老师的帮助

假如在你解释之后，那些传播流言的同学还是戴着“有色眼镜”看你的话，可以将此事告诉老师，寻求老师的帮助。相信有了老师的帮助，这些流言蜚语自然也会“戛然而止”。

③ 男孩自己一定要表现得光明磊落

对待这样的事情，如果男孩子表现得光明磊落的话，那些传播流言的人就会觉得无趣，听流言的人自然也就不会再相信；相反，如果自己表现得畏畏缩缩，暗自神伤的话，反而会让那些传播流言的人觉得“有机可乘”，继而“大肆渲染”，间接增加了流言的“可信度”。

“走自己的路，让别人去说吧。”面对流言，男孩子无须过于在意，只要认认真真做好自己，做到问心无愧，相信流言自然也会止于智者。

小贴士

对于流言中的另外一方，该如何面对?

男孩子只要和平时一样，正常交往，无须刻意回避即可。必要的时候，可以和对方解释清楚，相信对方也不会对你有所回避。这样一来，那些传播流言的人自然也会明白你们两个都是问心无愧的，从而也就不会再刻意针对你们。

第六章

心理

心事开始多起来了

伴随着生理上的一系列变化，青春期的男孩心理也会发生一系列的变化，其中最为突出的变化就是以前无忧无虑的男孩现在心事多了起来。比如会对他人的话敏感、会孤独、会失眠等，如何才能化解这些困扰自己的心事？在这一章将重点为男孩子们进行讲述。

他们是不是都看不起我

为什么对别人的话特别敏感

都说青春期的孩子特别敏感，以前我们对此不以为然，现在却真是体会到了。看到别人在一起窃窃私语，就会忍不住想他们是不是在说自己，甚至会觉得他们看不起自己。真的很讨厌这样敏感多疑的自己，青春期为什么会对别人的话特别敏感呢?

男孩的烦恼

① 总觉得同学们在背后议论我

士军：父母前一阵离婚了，这让我很难受。现在感觉同学们看我的眼光都变了，觉得他们在背后笑话我。现在只要看到有同学聚在一起小声说话，我就觉得他们是在议论我，真受不了这样敏感多疑的自己了！

② 因为同学一句话，我别扭了好几天

小胖：最近不知道怎么了，对别人的话似乎很敏感。前几天，同桌开玩笑说我“娘娘腔”，这让我很别扭，觉得他心里肯定很鄙视我。虽然我知道他是开玩笑的，可我还是因为这句话别扭了好几天。

③ 因为敏感，我的情绪很不稳定

江波：我特讨厌现在的自己，总是对别人的话很敏感。比如同学夸我会让我沾沾自喜好几天，而如果指出我的缺点的话，又会让我觉得自己很差劲儿，总之就是情绪时而高昂，时而低沉，而这一切都是因为我的敏感所致。

科学解析

青春期的男孩子似乎对别人的话总是会忍不住在意，即使是别人无意中说的一句

话，也会让男孩子们心里“思索”半天，甚至觉得对方是话里有话或者看不起自己。这其实都是因为青春期特有的敏感造成的，至于原因，大致有以下几点：

（1）生理心理的急剧发育

进入青春期，男孩的生理和心理会急剧发育，青春期第二性征的出现带来一系列生理和心理机能的变化，导致情绪变得异常不稳定。再加上情绪本身就是随着认识活动而产生的心理过程，具有较大的不稳定性和冲动性。这一时期，这种情绪的不稳定性会表现得更加突出。

（2）情感日益丰富

随着年龄的增长，青春期男孩的情感日益丰富，对周围的事物的反应也会表现得很明确，情绪忽高忽低，忽冷忽热。做某事获得成功时，会异常兴奋和激动；而失败的时候，又会苦闷不已，非常气馁……总之，这些丰富的情感，会让男孩子变得比以前敏感许多。

（3）过于关注自我

青春期的孩子都比较关注自我，男孩子也不例外。因为过于关注自我，也就关注他人对自己的评价。这在一定程度上会导致男孩子们变得异常敏感，对他人的话更是非常在意。比如他人一句开玩笑的话，在男孩子这里可能就认为是在讽刺自己。这种敏感心理的产生，与过于关注自我是有一定关系的。

总之，青春期的男孩子会表现出不同程度的敏感，是由其这一时期的成长特点所决定的。

专家支着

那么，男孩子该如何去做才能让自己不过于敏感呢？

① 通过自己去排解这种不良情绪

过度敏感是一种相对消极的情绪，对男孩子正常的学习、生活会造成一定的负面影响，男孩子可以通过自己去排解这种不良情绪。比如用自我暗示、自我激励、心理换位等方法，将消极情绪与脑海中的闪光点联系起来，从而将这种不良情绪转为正常的积极情绪。

◇② 通过向他人倾诉来排解自己的这种不良情绪

男孩子可以把自己内心的这种体验、想法等告诉朋友、家长、老师，通过向他人倾诉的方法，将郁闷情绪释放出来。相信当你真诚地向他人倾诉自己内心的感受的时候，也一定会得到他人的安慰与帮助，从而让自己在心理上获得安慰，也不会再过于敏感。

另外，让自己不过于敏感的方法还有一个，就是将注意力放在其他有意义的事情上，比如学习、运动等，不要过于关注他人的话语，这也能在一定程度上避免对他人的话过于敏感。

小贴士

怎么和同学相处?

很多男孩之所以对他人的话过于敏感，很大一部分原因是对他人有一定的敌对态度。对此，男孩子不妨让心胸开阔一些，抱着积极的态度和周围的同学相处，这样不仅能增进与同学之间的友情，同时也能避免自己过于对他人的话敏感，有利于青春期男孩子心理的健康发展。

我就是不如别人好

突然陷入了极端的自卑怎么办

随着年龄的增长，我们也越来越希望自己能比别人优秀，可是有时候总会有这种感觉，觉得自己就是不如别人好，并因此而陷入极端的自卑中。明知道自卑是成长路上的绊脚石，可是又不知道如何才能将这块“绊脚石”移开。

男孩的烦恼

① 总觉得自己不如别人好，很自卑

敬羽：小亮的数学竞赛又拿奖了，吴浩的街舞跳得太棒了，李达的英语口语是那么流利……再看看自己，数学成绩一般，街舞根本不会跳，英语口语结结巴巴的，唉，怎么自己就这么差劲儿呢？真的好自卑！

② 因为自卑，我越来越不合群

张鹏：我的朋友越来越少了，不是他们不理我了，而是我主动疏远他们了。原因很简单，我不想成为他们的陪衬，他们一个个似乎都比我优秀，我不想让他们的优秀衬托出我的糟糕……

③ 我也想自信一点，可是真的好难

孙涛：自从上了初中之后，我就沉默了很多。这所学校是重点中学，来这里读书的都是非常优秀的人，这让我突然没有了自信。其实我也想自信一点，可是似乎真的很难。谁能帮帮我找回以前的自信呢？

科学解析

自卑是一种心理疾病，青春期的男孩子因为这样或者那样的原因，难免会陷入这种情绪之中，如果不试着改变这种情绪的话，对其学习和生活会产生消极影响，包括：

（1）严重影响男孩子的身心健康

青春期是男孩子身心发展的关键阶段，在这一阶段，任何消极负面的情绪都会对其身心健康发展产生一定的阻碍作用。假如这段时期，男孩子时常陷入自卑的阴影中无法自拔的话，极易出现一系列心理疾病，严重者还会有抑郁的倾向，对男孩子的健康成长非常不利。

（2）导致男孩子无法正常地学习和生活

过于自卑，会让男孩子觉得自己处处不如别人，由此产生肯定他人而否定自己的态

度。这种态度会让男孩子无法集中精力和注意学习，甚至时常陷入一种莫名的恐慌中。不仅影响其学习成绩的提高，同时也会对其正常的生活产生消极影响，这些对其将来的发展也是极其不利的。

专家支着

既然自卑对男孩子的成长有这么多的消极影响，陷入极端自卑的男孩子又该如何消除这种消极情绪，找回自己的自信心呢？

① 客观看待自己的不足

每个人都有自己的优点和缺点，对于自己的缺点和不足，男孩子应该客观、理性地看待。并且尽量把这种不足通过其他方面“补”回来，比如自己的个子虽然不高，但是可以通过经常参加体育锻炼提高自己身体动作的灵活度。要抱着一种积极的心态去看待和理解自己的不足，并给出积极的评价，然后再试着尽量去提高。

② 学会正确认识自己

这主要是说男孩子要正确认识自己的能力，认识到一个人的能力应该是多方面的，虽然你的语文成绩不是很好，但是作文却写得很棒；虽然你的整体学习成绩不是特别突出，但你在绘画和音乐方面却相当有才华……不要总是把目光集中在自己表现差的方面，而是要多发现自己能力突出的方面。这样一来，你就不会因为自己比别人差而产生自卑心理了。

③ 相信自己是独一无二的，不要和别人过分比较

世界上没有两片相同的叶子，所以我们每个人也都是独一无二的。青春期男孩渴望优秀，渴望被关注，但是同时也要注意，不要和别人过分比较，尤其不要拿自己的缺点和别人的优点进行比较。而是要在正确看待自己的优点与不足的基础上，学会扬长避短，发现并保持自己的个性和风格。相信这样也会突出你的优势，让你觉得自己其实并没有自己认为的那般差。

摆脱自卑最重要的是客观认识和评价自己，在认识到自己不足的基础上，积极去改善，而不是一味沉浸在对自己不足的自卑中无法自拔。

小贴士

如何减少自卑心理？

比如在遇到挫折和困难的时候，男孩子不要想“为什么我总是这么倒霉”或者“我要是像谁谁那样优秀就好了”，而是要多给自己一些正面的、积极的心理暗示，如“没什么大不了，只要我努力，一定能战胜困难”“我会优秀起来的”等。通过积极的心态暗示自己，也能在一定程度上减少男孩子的自卑心理。

为什么他长得帅学习也好

如何克服自己的嫉妒心理

每个青春期的男孩子都希望自己是最优秀、最引人注目的，但是很多时候，真实的情况并不是这样。有时候会觉得心理不平衡：为什么他长得帅而且学习也好。嫉妒之火在我们的心中燃烧起来，“烧”得我们好难受！

男孩的烦恼

① 因为嫉妒心，我和最好的哥们儿形同陌路

浩然：以前我和杨胜是非常好的哥们儿，可是现在却形同陌路。一切都源于我对他的嫉妒心理——以前不起眼的他现在长得很高大、帅气，再加上他学习也不错，这使得我非常嫉妒，然后就主动疏远了他……

② 看到他，我心里就不舒服

金亮：我现在特别讨厌班长，尤其看到他“趾高气扬”地指挥班干部们干这干那的时候，心中莫名的怒火就会燃烧起来：不就仗着自己学习好，而且人也长得帅才当上班长的吗？我才不稀罕你！我承认，我是有点嫉妒他的，并且对他的反感也是因为这个原因。

③ 天哪，我居然这么坏，怎样才能摆脱嫉妒心

向龙：我的嫉妒心理好像特别重，比如班上我最嫉妒的陈扬吧，有时候我会盼着他考试的时候不及格，虽然他的学习很好；甚至我还会希望他家里出点事，让他无心学习。我真受不了自己这种肮脏的心理，谁能告诉我应该如何纠正这种嫉妒心理呢？

科学解析

嫉妒心理是一种不良的心理状态，是由比较而产生的对比自己优秀的人的一种羞愧、不满、怨恨、愤怒等复杂情绪。对于青春期的男孩子来说，产生嫉妒心理，无外乎以下几个原因：

（1）学习

青春期的男孩子已经意识到了学习好会成为吸引老师、同学目光的“法宝”之一，因此也都希望自己的学习成绩优秀。因为这种心理过于强烈，因此在面对比自己更优秀的同学时，往往会产生一种失落感，继而在内心产生一种不平衡和酸涩滋味，觉得对方抢了自己的风头，如果不是对方，自己或许就会成为那个最耀眼的人物……在这种心理的作用下，产生在学习上嫉妒他人的情绪。

（2）才貌

才貌双全是每个青春期男孩都向往和追求的，也是获得他人注意和赞美的条件之一。但是并不是每一个男孩都会做到才貌双全，因为这其中有很多因素不是由自己决定的，比如相貌。因此，有些过于在意自己外貌的男孩子便会对那些比自己帅的同伴产生嫉妒心理。

（3）其他原因

比如家庭条件，有些男孩子看到对方的家庭条件比自己家里好，吃的、穿的、用的也都比自己好，会产生一种被对方比下去的失落感，继而对对方也产生嫉妒心理。

青春期的男孩子由于身心发展不成熟，加上又喜欢与同伴做比较，因此很容易产生嫉妒心理。

专家支着

虽然说每个人多多少少都会有嫉妒心理，但是如果嫉妒心过重，甚至有向病态发展的趋势时，如果不及时加以调整和克服，极易给青春期男孩的成长和正常学习、生活带来消极的阻碍作用。男孩子可以通过以下几个方面去克服自己的嫉妒心理。

① 不要过于争强好胜

一般来说，男孩子都喜欢争强好胜，尤其是青春期的男孩子更是如此。过于争强好胜，无疑就会让自己非常在意自己各方面的能力和表现，当别人做得比自己好时，就会产生嫉妒心理。因此，男孩子不要过于争强好胜，要正确看待竞争，认识到自己的不足，然后通过努力去慢慢弥补自己的不足，以不断提高自己。

② 学着欣赏他人优秀的一面

当你抱着欣赏的态度去看待比你优秀的人的时候，你会由衷地赞美他，而不是嫉妒他。因此，男孩子应该拓宽自己的心胸，争取做一个心胸豁达、开朗的人，并学着用积极的态度去欣赏他人优秀的一面。当你以欣赏的目光代替嫉妒的目光去注视对方的时候，你自己也会被激励，而不是对对方充满恨意和敌意。

③ 努力提高自己

证明自己最好的方式不是嫉妒他人的优秀，而是努力提高自己。当自己的能力得到提高的时候，自信心也会加强，这也能在一定程度上遏制嫉妒心理的产生。所以，青春期的男孩子，无论是在学习上，还是在其他方面，都要不断学习，不断提高自己。

另外，主动向他人倾诉，学会自我反省，试着培养自己积极、开朗的性格等，也都能在一定程度上防止青春期嫉妒心理的产生。

小贴士

听说嫉妒心理也分为两种，是哪两种呢?

嫉妒可以分为两种：一种叫“激性嫉妒”，来势凶猛，发展迅速，难于控制。一般这种嫉妒心理容易导致突发事件；另一种叫“心境嫉妒”，这种嫉妒心理与心境相联系。它表现为缓慢而持续的心境改变，会使人变得郁郁寡欢，忧心忡忡，产生孤独情绪，乃至积愤成疾。所以青春期的男孩子一定要注意，不要让嫉妒毁了自己。

没有人能理解我

怎样摆脱孤独的心理

越长大越孤单，以前不觉得，现在随着年龄的增长，我们对这句话的理解也越来越深刻了。有时候常常会觉得周围没有理解自己的人，内心的孤独感也会加重。谁能告诉我们，怎样才能摆脱孤独的心理呢?

男孩的烦恼

① 我成了不合群的人

周明：我知道现在同学们都在背后说我不合群，对集体活动不热衷。我也不想解释，因为觉得他们根本不了解我内心的孤独，与其跟他们费口舌，倒不如自己一个人静静地待会儿。唉，不知道为什么孤独感会越来越重。

② 我真的不想继续享受所谓的孤独了

王立伟：以前在书上看过一句话：要学会享受孤独。可是现在我想说，我真的再也不想继续享受所谓的孤独了。因为这种滋味真的很不好受，可是我该怎样走出这种孤独的心境呢？谁能告诉我？

③ 大家都说我变深沉了，其实他们不知道那是孤独

旭东：周围的人都说我比以前成熟了，深沉了许多。对此，我只是笑笑不语。其实他们并不知道，我是因为内心孤独才变得沉默了。可是，我为什么会有孤独的感觉呢？我也说不清楚……

科学解析

进入青春期的很多男孩子都觉得自己是大人了，总想在一夜之间成熟起来，父母的关心不再能打动自己，要好的同学也变得疏远，自己一肚子的心事又无处倾诉，于是便会感叹没有人理解自己，自己很孤独。对此，不妨先来看看导致青春期男孩子产生孤独感的原因。

（1）角色增多

青春期是男孩子向成人过渡的阶段，在这一阶段社会赋予男孩的角色会增多：在家里，要做父母眼中的好孩子；在学校，要做老师眼中的好学生，同学眼中优秀之人；在周围的生活中，希望得到成年人的尊重和信任等。要在不同的"环境"中扮演好不同的角色，对于男孩子们来说还不是一件简单的事情：一方面他们需要和他人进行交流和探讨，另一方面他们又不愿意敞开心扉。在这种压力和矛盾心理的作用下，男孩子就特别容易产生孤独感。

（2）还没有学会用发展的眼光看问题

青春期的男孩由于身心发展还没完全成熟，因此还没有学会用发展的眼光看问题，尤其是在遇到失败和挫折的时候，更容易产生消极情绪。并且在这一时期，他们的内心往往很矛盾，既希望自己能够像其他人一样热情自信，同时又非常担心被他人看不起。

这些都会导致男孩的心里压着沉甸甸的石头，久而久之就会产生一种孤独心理。

长时间沉浸于孤独中，会让男孩子产生沮丧、自卑、烦躁甚至绝望等消极情绪，对男孩子的健康成长和发展极为不利。

专家支着

青春期男孩子面对内心孤独时，不妨试着按照以下方法和措施去排除自己的孤独感。

① 扩大自己的交友圈

有些男孩子的交友圈非常小，这便导致他们缺乏交流和宣泄自己情绪的地方，由此难免会产生孤独感。因此，男孩子不要把自己束缚在家和学校之间，可以适当去接触一下外面的环境，多与同学进行交往和接触。假期的时候还可以参加一些夏令营等集体活动，这些都能扩大自己的交友圈。

② 提高自己的交往能力

青春期的男孩子想要得到更多的知心朋友，就需要不断提高自己的交往能力，试着多为他人着想，多理解他人，当他人遇到困难或者挫折的时候，积极地伸出援助之手。这些良好的品质会在很大程度上为男孩子赢得更多的朋友，并且也会让男孩子在不知不觉中提高自己的人际交往能力。

③ 寻找适合自己的发泄方法

有心事的时候，大多数男孩子可能不愿意和别人说，但闷在心里又会很难受，从而感到孤独。这时候，不妨找到适合自己的发泄方式，比如静下心来画一幅画，或者到篮球场上打一场球等，通过这些方式将内心的情绪发泄出来，也有助于防止孤独心理的产生。

另外，制订积极的学习、生活目标，树立自己的理想，让自己充实起来，也是让自己远离孤独的方法。

小贴士

孤独心理产生前有什么“预警”信息吗?

有的。比如，认为周围的人都心怀鬼胎，不值得信任；觉得自己是个多余的人；心里希望别人接近自己，但自己又不主动接近他人；内向，有了心事也找不到一个可以倾诉的对象；觉得和别人难以沟通，别人不理解自己等，这些都是孤独心理的预警，男孩子在平时要多多提防。

他买了名牌运动鞋，我也要买

为什么总想跟人攀比

青春期的我们是大孩子了，无论是在同学面前，还是在同伴面前，都希望自己成为焦点，哪怕不是焦点，也不能过于寒酸。因此，难免就会产生攀比心理，其实我们也很纳闷，为何到了青春期总想跟人攀比呢?

男孩的烦恼

① 非名牌运动鞋我不穿，因为怕同学看不起我

乐宁：班上的小刚又买了一双新款的耐克运动鞋，看着果然拉风，我准备也入手一双。现在买运动鞋，我是非名牌不买。父母说我是在跟同学攀比，我承认是有这种心理，可是我确实不想让同学看不起我。

② 我也不想跟他们攀比，可就是拉不下脸来

张一：现在不知怎么回事，班上的男同学之间兴起了一阵攀比风，鞋子、衣服什么的，都是名牌。虽然我对牌子并没什么感觉，可是毕竟大家都在比，如果我“落后”的话，岂不会被他人笑话？

③ 怎么才能消除我的攀比心理

李乐：我的家庭条件很一般，可是现在同学之间都在攀比，家里的条件根本不能满足我的攀比心理。这让父母很发愁，也让我觉得自己是个坏孩子。可是，我又不想在同学面前丢面子，怎么才能消除我的攀比心理呢？

科学解析

攀比心理和虚荣心一样是每个人都会有的，只是程度不同而已。对于青春期的男孩子来说，随着这阶段自尊心的增强，再加上渴望被关注，因此也就特别容易产生攀比心理。一般来说，青春期的男孩子之所以喜欢攀比，主要有以下几个原因：

（1）自我认识能力差

进入青春期，虽然男孩子的身心有了一定的发展，但是自我认识的能力还很差，对自己也不能做出客观评价。再加上小时候很多男孩子往往过高地评价自己，觉得自己什么都比别人强，因此在这个阶段，也依然会存在这种心理。

（2）内心深处渴望别人关注和认同

青春期的男孩子随着年龄的增长以及社会交往范围的不断扩大，内心深处特别渴望得到周围人的关注和认同，因此便会通过物质条件去吸引他人的目光，由此也逐渐产生与他人攀比的心理。

（3）盲目从众性

中国人都比较“爱面子”，尤其成人，更是普遍存在这种心理。这样一来，男孩子在成长的过程中自然而然也会受到一定的影响，导致他们也会出现盲目从众心理，即看到别人买什么，自己也一定要拥有。

除了上述原因之外，父母的宠溺也是导致男孩子喜欢跟他人攀比的一个重要原因。

专家支着

不良的攀比心理会加重男孩子的心理负担，对男孩子的身心健康和发展会产生消极的阻碍作用。那么，男孩子们应该如何去消除这种不良的心理呢?

① 摆正自己的心态

青春期男孩要摆正自己的心态，对于吃的、穿的、用的，追求适合的自己即可，没必要非得和同学攀比。要知道，过分虚荣只会让自己承受更多的心理压力和负担，这样内心反而会不平静。只有摆正自己的心态，对自己有一个正确的认识，才能理性看待攀比。

② 化物质攀比为精神攀比

青春期男孩的攀比心理多集中在物质上，无外乎吃、穿、用方面。对此，男孩子不妨将对物质的攀比化为精神的攀比，多在精神上跟同伴攀比，例如比比谁的学习成绩好、谁的学习积极性高等，这样有意义的“攀比”会让男孩子越来越优秀。

③ 转移注意力

男孩子不要将注意力集中在和同学比物质条件上，而是要学着转移自己的注意力，多将注意力和精力放在有意义的事情上。当男孩子将注意力放在这些事情上的时候，也就不会再关注哪个同学买了新鞋子、哪个同学又买了新衣服了。

过分的攀比心理会让男孩子变得虚荣与奢侈，甚至扭曲自己的人生观和价值观，青春期的男孩子一定要注意。

小贴士

攀比一定就是消极的、不好的吗？

每一个人其实都有与他人“比”的欲望，只是有的人没有真正理解攀比的内涵。如果拿自己的短处与他人的长处比，只会让自己自卑；如果拿自己的长处与别人的短处比，又会自负。只有在充分了解自己的基础上，与那些比自己高、比自己强、比自己先进的人进行攀比，才能在攀比中不断超越自我，这种攀比也才是积极的、有意义的。

要知道，我爸可是校长

我也有了虚荣心

虚荣心每个人都有，但是有时候我们也会有些不安，觉得自己的虚荣心好像过强了点。尤其是进入青春期后，似乎特别喜欢在同学面前炫耀自己一些值得骄傲的东西。是不是青春期的男孩子虚荣心都比较强呢？

男孩的烦恼

① 我也有了虚荣心

王朔：以前我对那些表面的东西根本不在乎，可是现在我居然也在乎起来了，比如喜欢向同学炫耀自己家住的是高级住宅，喜欢炫耀爸爸是开公司的……我知道这完全是虚荣心在作怪，可是又忍不住会那样做。

② 难道我的虚荣心真的很强吗

陈明：无意中听到同学在背后议论我，说我虚荣心太强，总喜欢有意无意地炫耀自己的爸爸是校长。的确，因为爸爸是校长的缘故，这让我觉得自己在同学面前非常有面子，可是这算是虚荣心强的表现吗？

③ 买那个包只是为了满足自己的虚荣心

冯博：在我的“死缠烂打”下，妈妈终于给我买了那款名牌的运动背包。其实我并不是真的喜欢，只是觉得这个包会让我在同学面前特有面子。老妈说我虚荣心强，我也接受，我想知道怎么才能消除自己的这种虚荣心呢？

科学解析

在心理学上，虚荣心是自尊心过强的表现。对于正处于青春期的男孩子来说，虚荣心过强对其健康成长有百害而无一利，危害主要表现为：

（1）妨碍男孩子道德品质的优化

青春期正是男孩子道德品质形成的关键时期，如果虚荣心过强，会让其不自觉地有自私、虚伪、欺骗等不良行为。

（2）阻碍男孩子的成长和进步

虚荣心强的人容易盲目自满、故步自封，缺乏自知之明。青春期男孩一旦产生这种不良心理，难免会阻碍自己的健康成长和积极进步，甚至会让自己退步。

（3）可能导致男孩的情感扭曲

虚荣会给人带来沉重的心理负担，当男孩子的虚荣心在现实生活中得不到满足时，极易怨天尤人，心生不满，导致压抑愤懑、怨恨等消极情绪不断滋长和积累。久而久之，很容易让男孩的情感发生扭曲，严重者还会人格变态。

另外，虚荣心强的人会为了满足自己的虚荣心，通过欺骗、欺诈等手段来炫耀和显示自己，以此博得他人的称赞和羡慕，但是这种行为却会让他人感觉不舒服，甚至心生厌恶，对男孩子的人际交往也会产生消极的阻碍作用和负面影响。

专家支着

华丽的外表无法掩饰内心的空虚，青春期男孩要想积极健康地成长、学习和生活，一定要克服自己过强的虚荣心，具体方法如下：

① 树立正确的荣辱观

只有树立了正确的荣辱观，才能正确认识荣誉、地位、得失、面子，也才能对这些东西持有客观、理性的态度。同时，青春期的主要任务是学习科学文化知识，男孩子应该将注意力和精力放在不断提升自己的知识水平和素质上，而不是一味追求富贵，享受安逸。只有这样，才能避免自己掉进虚荣的泥淖中无法自拔。

② 要进行正确、客观的比较

青春期男孩随着心理的发育，难免会产生同周围的人比较的心理。但是，在与他人进行比较的时候要注意进行正确、客观的比较，并且多在积极、有意义的方面进行比较，比如学习成绩、自身的道德修养等，少在物质、金钱、吃穿方面进行比较。要知道，只有多和他人在有意义的方面进行比较，才能发现自己的不足，继而让自己得到提高。

③ 抱着平常心去对待物质

一般来说，虚荣心强的男孩子物质欲望往往都强。这就需要男孩子们在物质上降低自己的欲望，吃的、穿的、用的足够就可以，无须过分追求高消费和所谓的名牌。当男孩子抱着平常心去对待物质的时候，就会发现物质欲望越低，幸福感也就越容易产生。

总之，过强的虚荣心只会让自己越来越虚伪，只有客观、坦然地面对自己拥有的，才能更加快乐、健康地成长。

小贴士

虚荣心强的表现具体有哪些呢？

虚荣心强主要有以下几方面的表现：把自己的名誉看得比什么都重要；取悦他人，以获得他人对自己的肯定；过分重视他人对自己的评价；对挫折的知觉敏感性高，承受能力较低；为了满足自己的虚荣心不惜编造谎言；时常产生嫉妒、郁闷、多虑、怀疑等不良情绪。青春期的男孩子应该避免过强的虚荣心，让自己积极健康地成长和学习。

“真郁闷”成了我的口头禅

如 何 防 止 抑 郁 心 理 蔓 延

青春期来了，青春期的抑郁也跟着来了，以前开朗、乐观的我们现在动不动就脱口而出“真郁闷”。真担心这样下去，我们会患上抑郁症。所以现在也迫切想知道，该如何防止抑郁心理的蔓延？

男孩的烦恼

① 我这是抑郁了吗

陆涛：以前的我特别开朗，可是现在似乎总觉得有什么东西压在心里，压得我很难受。有时候对于一些不开心的事，我也忍不住抱怨“真郁闷”。我现在很害怕，我这算不算抑郁呢？

② 我不要当抑郁的少年

华彬：以前活泼的我现在被定义为“忧郁小青年”，这个称号让我很不习惯，也很不喜欢。可是我现在的确有向抑郁发展的趋势，比如不愿意说话、不想和人接触等。神啊，快救救我吧，我不要当抑郁的少年啊！

③ 如何防止抑郁心理的蔓延？谁能告诉我

瑞刚：最近学习、生活、人际交往都感觉很糟糕，什么都不给力，弄得我一点精神也没有。我最担心的是这种状态会发展为抑郁症，我现在也急切想知道怎么防止这种心理的蔓延，谁能告诉我啊？

科学解析

抑郁是一种消极的情绪体验，青春期的男孩子由于身心发育不成熟，加上这段时期学习、考试等方面压力较大，在遇到挫折的时候，极易产生消极、郁闷情绪，继而发展为抑郁。具体原因有以下几点：

（1）心理压力过重

青春期同时也是男孩子学习的关键时期，在这一时期家长对其学习成绩往往抱有很高的期望，比如在学习上给买资料、请家教，尽其所能；在生活上更是关怀备至，殷勤周到，目的就是让男孩取得优异的成绩。可是，大多数的男孩子对此是心有余而力不足，想学，发现有点跟不上；不学，又觉得对不住父母。在这种矛盾心理的作用下，会让其产生过重的心理负担，从而出现抑郁情绪。

（2）心理承受能力差

青春期的男孩子心理发育还不是很成熟，心理的承受能力相对也就差一些。在这期间，如果遭遇挫折，比如学习上的、生活上的、家庭上的等，都会让其犹如一下子跌进万丈深渊。因为不懂得如何去调整，因此也就容易产生抑郁心理。

（3）自身性格影响

青春期是男孩子相对敏感的时期，假如男孩子原本的性格不是很好，比如意志薄弱、优柔寡断等，会导致其在困难面前退缩，徘徊观望。久而久之，就会产生自卑、郁郁寡欢心理。

性格缺陷、自身经历、阶段性的心理发展等，这些都是造成青春期男孩产生抑郁情绪的原因。

专家支着

预防抑郁心理蔓延的方法其实有很多，男孩子们可以参考以下几种方法。

① 多听一些轻快、舒畅的音乐

节奏轻快、舒畅的音乐能给人以美的熏陶和享受，并且也能让人的精神得到充分、有效放松。所以，在紧张的学习之余，男孩子们不妨多选择一些节奏轻快，有助于激发自己积极情绪的音乐，让优美的音乐来化解自己精神的疲惫。

② 通过幽默、自嘲等减轻精神紧张的程度

在遭遇尴尬或者困境的时候，男孩子不要陷入焦急与悲观中，可以用不自主地发笑或者故意开玩笑说俏皮话作为自我解嘲，以减轻自己精神紧张的程度。

③ 有意识地放慢自己的生活节奏

快节奏的生活易让人们产生紧张的情绪，因此男孩子不妨有意识地放慢自己的生活节奏，合理安排学习时间。课余时间也可以制订一些放松自己的活动计划，比如运动、出去旅游、和同伴聊天等。

④ 遇事要沉着、冷静

就算自己做错了事情，男孩子也不要过于责备自己，要想到每个人都会有犯错误的时候，关键是如何改正。这样沉着、冷静，有助于自己的心理平衡，同时也能舒缓自己的精神压力。

防止抑郁情绪蔓延的方法有很多，男孩子在平时可以多和周围的人沟通，寻找最适合自己的方法。

小贴士

抑郁心理的表现有哪些?

抑郁心理的表现主要有以下几个方面：看问题从消极悲观处着眼，对生活兴趣减退，对前途悲观，甚至会产生厌世情绪；对待事物过分认真，缺乏灵活性，容易自寻烦恼；一些细微的小事就能引起忧愁和苦闷，常常愁眉不展、长吁短叹。所以，青春期的男孩子要注意，一旦发现有这些表现，要立即引起重视。

我怀疑就是他在背后说我坏话

什么时候我有了猜疑心

都说青春期是特别敏感的时期，这一点我们现在是深有体会。有时候总会忍不住怀疑别人在背后说自己的坏话，我们是男孩子，按说心胸不应该这么狭窄，可是……唉，真是让人烦恼啊！

男孩的烦恼

① 总觉得现在自己疑神疑鬼的，都怀疑自己得精神病了

向前：今天走进教室的时候，同学和后桌正在窃窃私语，看见我进来立马就停止了。这让我很不安，总怀疑他们在背着我说我的坏话。并且对同桌和后桌的猜疑心理也越来越重，我都怀疑自己快得精神病了！

② 猜疑心让我失去了一份友谊

义鑫：原本我跟王亮是好哥们儿，可是最近我总怀疑他，怀疑他背后说我坏话，怀

疑我书包里的毛毛虫是他放的，怀疑他心里在算计我……因为我的猜疑，王亮逐渐疏远了我，我也失去了一份友谊。

③ 什么时候我的猜疑心这么重了

李岩：我真受不了自己了，一个大男生，心眼跟小女生一样小，总是胡乱猜疑，不管是家长、老师还是同学，都成了我猜疑的对象。到底怎么做才能消除我这种猜疑心理呢？真的好想知道啊！

科学解析

猜疑心是青春期男孩多多少少都会有的一种心理，因为这一时期他们的神经相对比较敏感，也容易捕风捉影，因此也会忍不住用怀疑的眼光看待周围的人。关于猜疑心理，男孩子需要进行了解。

（1）青春期男孩猜疑心的表现

多数青春期男孩子的猜疑心都会集中在周围的人身上，比如看到几个同学背着自己讲话，就会怀疑是在讲自己的坏话；老师有时候对自己的态度冷淡一些，就会觉得老师对自己有了看法等。总是觉得别人在背后说自己的坏话，或者给自己使坏，特别注意留心外界和别人对自己的态度。他人脱口而出的一句话很可能会捉摸半天，并努力发现其中的“潜台词”。

（2）猜疑心的危害

男孩子猜疑心重的话，就很难轻松自然地与周围的人进行交往，久而久之不仅自己心情会变坏，也会影响自己的人际关系。男孩子们心中有了疑惑不愿意公开，也不和别人交心，整天闷闷不乐，郁郁寡欢。时间长了，就容易自我封闭，隔断外界信息的输入和他人真情的流露，甚至会让男孩子由怀疑别人发展到怀疑自己，怀疑自己的能力，对自己失去信心，继而变得自卑、消极、怯懦、被动等，严重影响男孩的健康成长。

猜疑心过重，只会让男孩子变得消极、被动，影响其正常的学习和生活，应该注意避免这种不良心理的产生。

专家支着

对于猜疑心理，最恰当的处理方式就是助人自助，具体可采用以下几种方法。

① 理智控制

当男孩发现自己开始怀疑别人时，要立即寻找产生怀疑的原因。要知道，很多时候，自己的猜疑其实只是一些小误会，在这些误会弄清楚之前，自己的右脑被封闭思路所主宰，继而猜疑也变得顺理成章。因此男孩子要记住，冷静思考和理智控制十分必要。

② 主动和对方沟通

沟通是解决一切问题的好办法，如果觉得对方有什么做得不好的地方让自己产生了怀疑，不妨主动和对方进行沟通。需要注意的是，在和对方进行沟通的时候，一定要语气真诚，态度温和。相信通过沟通，彼此间的误会一定会消除，猜疑自然也就没有必要了。

③ 注意培养自己的自信心

有时候之所以猜疑别人，往往是因为对自己没有信心。因此，青春期的男孩子一定要注意培养自己的自信心，发现自己的优点，相信自己会和周围的人处理好关系，通过自己的努力也一定会给他人留下良好的印象。这样一来，猜疑的心理也就能消除很多。

另外，自我安慰法、自我暗示法也是有效消除猜疑心理的方法，男孩子在平时不妨试一试。

小贴士

猜疑心过重会发展成心理疾病吗?

猜疑心重的人多是一些性格孤僻、感情内向、郁郁寡欢之人，这些人不仅猜疑自己，也猜疑别人，极易发展成影响身心健康的心理疾病——疑病症，严重者还可能会患上神经症，导致精神错乱。因此，青春期的男孩子要注意培养自己积极开朗的性格，多和他人交流、接触。

第七章

情绪

我这是怎么了

生理和心理的一系列变化会使青春期男孩的情绪也受到影响，比如脾气火暴、比较浮躁、容易伤感、动不动就焦虑等，这些消极、负面的情绪会严重影响其正常的学习和生活。面对这些负面情绪，男孩又该如何调整？这些问题都将在这一章中得到解答。

一点就着，我的火气这么重

怎样控制暴躁脾气

青春期的我们似乎脾气变得暴躁了很多，有时候一点点小事就会让我们心中的怒火燃烧起来，我们知道这样不好，可是又该如何控制自己的暴躁脾气呢？真的想做一个温文尔雅的绅士，可是这暴躁脾气让我们绅士不起来！

男孩的烦恼

① 同学们都说我最近"吃"了炮筒子

朱江：我的脾气还行，不是那种很冲的人，可是最近不知道怎么了，似乎特别容易发火，就连周围的同学都说我跟"吃"了炮筒子一样。对此我也很烦恼：怎么突然变得这么暴躁了呢？

② 我这烂脾气，唉，真是没法说

德嘉：昨天干了一件特后悔的事情，哥们儿不小心将墨水洒在了我新买的白衬衣上，我因为脾气暴躁当着同学的面骂了他几句很难听的话。事后特别后悔，觉得自己不该那样对他。唉，都是这烂脾气惹的祸！

③ 跪求控制暴躁脾气的方法

文康：我原本就是个急性子的人，最近一段时间更是火气特别大，动不动就发火。一点芝麻绿豆般的小事，也会让我大发雷霆。因为这个原因，我已经得罪了很多人。现在我真的是诚心跪求控制暴躁脾气的方法啊！

科学解析

青春期男孩身心发展导致情绪会很不稳定，再加上性格相对叛逆，自控能力较差，在遇到一些不顺心的事情时，脾气就会变得特别暴躁。想要控制好自己的暴躁脾气，就需要先对这种情绪有个清晰的认识。

（1）何谓暴躁情绪

暴躁情绪是一种常见的消极情绪，是一个人对客观事实某些方面的不满，或者个人的意愿在受到阻碍时产生的一种身心紧张状态。暴躁情绪会因诱发原因和个人气质不同而有不满、生气、愤怒、大怒、暴怒等不同层次。一般来说，这种情绪就像暴风雨一样，来得快，去得也快。

（2）脾气暴躁者与其性格特点也有一定关系

一般来说，容易暴躁的男孩子大多属于气质类型中的胆汁质。这种气质的人直率热情，很容易冲动，情绪变化也非常快，脾气急躁，很容易发怒。并且，青春期的男孩子往往年轻气盛，情绪冲动而不稳定，因此也就更容易产生这种情绪。

（3）脾气暴躁的危害

俗话说“气大伤身”不是没有道理的，脾气暴躁的人很容易生气。而人在生气的时候，由于交感神经兴奋，会导致心跳加速、血压上升、呼吸急促，因此经常发怒的话很容易导致高血压、冠心病。并且，发怒还会使人缺乏食欲、消化不良，引起消化系统的疾病。从健康的角度说，脾气暴躁对男孩子的身心健康都有着极大的危害。

专家支招

男孩子已经知道了暴躁脾气对自己成长以及健康的不利影响，那么在生活中不妨试着按照以下方法去控制这种不良情绪。

① 学会适当表达自己的情绪

青春期的生理特点必然会导致男孩子在此阶段情绪容易起伏，因此男孩子就更需要学会适当表达自己的情绪。当然，这并非是说让男孩子一味忍让或压抑，而是要合理表达。比如同学将你心爱的文具盒弄丢了，你先不要乱发脾气，不妨和他商量一下，让他赔给你。这样要比冲着对方大喊大叫，更容易让对方接受，同时也避免了自己生气影响身体健康。

② 想要发怒之前先来个深呼吸

当你感觉自己要发怒的时候，先来个深呼吸，并且给自己10秒钟的思考时间。问问自己：我为什么要发脾气？发脾气能解决问题吗？……这样一来，冷静理智的思维就会在短时间内作用于你的大脑，促使你愤怒的情绪慢慢平息下来，暴躁的脾气自然也就会消除很多。

③ 要有一颗宽容的心

青春期的男孩子应该试着让自己的心胸宽广一点，努力做到宽容，这会让自己赢得好人缘和好心情。就算对方做了让自己不高兴的事情，也不要过于斤斤计较，而是要尽量说服自己去原谅对方。有一颗宽容的心和宽宏大量的气度的话，暴躁的脾气也会慢慢消失。

另外，转移怒气，生气时选择独处等也有助于控制自己的暴躁脾气，让自己在其他事情和独自反思中平息自己的怒气。

小贴士

为什么说生气是用别人的错误来惩罚自己?

有时候男孩子们虽然忍住了自己的暴躁，避免了直接冲突，但是心里却依旧会窝火，甚至根本无法从火气中走出来。这时候男孩不妨多劝诫自己："没什么大不了，想开了就没事了。"假如让你生气的原因是对方的过错造成的，那就更要提醒自己：生气是用别人的错误来惩罚自己。这样想的话，心中窝着的火气也就没有了。

好痛苦，就是睡不着

失眠了该怎么办

青春期还有一个非常折磨人的问题就是失眠。以前是沾床就着，可是现在躺在床上翻来覆去睡不着，入睡困难。真想知道，这是不是病呢？或者也是青春期正常的现象？睡眠不好，做什么都没精神，真是让人发愁。

男孩的烦恼

① 晚上睡不好，白天总打瞌睡

麦子：最近一段时间不知道是怎么了，躺在床上很长时间都睡不着，有一次晚上十点躺下，到十一点了还没睡着。因为晚上休息不好，现在白天上课特没精神，总是打瞌睡，真是愁死我了！

② 天哪，我是不是得病了啊？小小年纪居然失眠

光光：以前总是听大人说失眠，现在我居然也失眠了，晚上不是很长时间进入不了睡眠状态，就是半夜醒好几次。这让我很害怕，怎么小小年纪就失眠呢？我是不是得了什么病啊？真够折磨人的。

③ 心里装不下一点儿事，否则肯定失眠

博涛：以前我是个大大咧咧的男孩，心胸也很宽阔。可是现在觉得自己跟个小女生似的，心眼变得特别小。只要有点儿事，肯定晚上就睡不着。不管是兴奋的还是失望的，只要是点儿事，心里总是会翻来覆去地想，真讨厌现在的自己。

科学解析

现在已经有越来越多的青春期男孩饱受失眠的折磨，这与其成长有一定的关系，但是总结起来说，导致青春期男孩失眠的原因主要有以下几个：

（1）心理压力增大

进入青春期后，男孩生理上的一系列变化会导致其心理也发生微妙的变化。在这一时期，他们的独立意识增强，并开始关注自我在他人心目中的形象。无论是内在的素质修养，还是外在的样貌装扮，他们都会按照自己的要求来达到自己所想要的几乎给人完美的印象。再加上这一时期的课业压力比较大，以及父母望子成龙的殷切希望等，这些

都会在无形中增加青春期男孩的心理压力，从而导致失眠。

（2）思想活跃，睡前过于兴奋

青春期的男孩正是思维和思想非常活跃的时期，这一时期的他们对什么都充满好奇与活力，这些也会导致他们的大脑时常处于一种兴奋的状态，甚至在睡觉前，这种兴奋都不能“散去”，从而导致因为睡前过于兴奋而失眠。

（3）不良的生活习惯

青春期是男孩子们学习的关键时期，因为学习的压力，使得很多男孩子晚上熬夜看书，甚至为了提神还喝茶、咖啡等刺激性的饮品，这些都会导致晚上不易入睡或睡眠不踏实，从而影响正常的睡眠。

以上这些都是导致青春期男孩失眠的主要原因，需要男孩子们引起注意。

专家支着

失眠会导致男孩子在晚上休息不好，继而影响次日正常的学习和生活，一旦成为习惯，更是会对男孩的身心健康发展造成消极影响，以下是一些治疗失眠的办法。

① 养成良好的作息习惯

青春期男孩必须养成良好、科学的睡眠习惯，晚上准时睡觉，早晨准时起床，以使自己体内的生物钟规律有序，加快睡眠。男孩可以根据自己的实际情况合理安排学习和休息时间，晚上尽量不要熬夜，更不要在睡前吃零食或者喝一些有刺激作用的饮料，如咖啡、茶、碳酸饮料等，可以在睡前喝一杯牛奶，或者听一些舒缓放松的音乐，这些都有助于促进睡眠。

② 保持愉悦的情绪，睡前不要想太多事情

青春期的男孩子要保持积极乐观的精神和状态，晚上睡觉前不要想太多让自己过于悲伤或者兴奋的事情，即要淡定一些。在入睡前半个小时，应当尽量使自己的心情平静下来，躺下之后更不要胡思乱想，而是要放松身心，这些都能在一定程度上促进睡眠。

③ 适当运动

科学研究发现，经常运动的人要比不运动的人的睡眠质量好很多。这是因为当人体不运动时，摄氧量就会降低，循环系统也不畅，肌肉太少使用导致张力变小……这些都会让人产生焦虑不安情绪，继而影响睡眠。所以，男孩子在平时要养成适当运动的习惯，比如散步、慢跑等，都会创造自己身体的动力效应，继而促进睡眠。

当然，促进睡眠的方法还有很多，男孩子在平时也可以多向老师、家长请教，或者看一些这方面的书籍。

小贴士

失眠能完全克服吗?

一般来说，失眠多是由心理因素引起的，只要能够自我调节心理活动，失眠是完全可以克服的。很多失眠的男孩子，一到晚上就会不由自主地紧张起来，导致神经紧张。而神经越紧张，也就越不容易入眠。所以对于这类失眠的男孩子来说，关键是要放松自己的精神，不要过于担忧自己睡不着。只要睡前精神放松，一般都能很快进入睡眠状态。

总是爱挖苦他人

我 的 攻 击 性 越 来 越 强 怎 么 办

伴随着青春期到来的，还有我们越来越强的攻击性。如时不时地挖苦、嘲弄同学，其实这并不是我们希望的，可是有时候就是忍不住这样。对于自己攻击性越来越强的趋势，真不知道该如何是好。

男孩的烦恼

① 因为我越来越强的攻击性，同学们都开始疏远我

黄豆：我伶牙俐齿没错，可是现在这个优点却用在了挖苦和讽刺同学上。比如昨天后桌坐凳子的时候一不小心坐了个空，我就笑话他眼睛长在了后脑勺上。周围的同学都说我现在就会攻击和取笑他人，也都开始逐渐疏远我，好烦啊！

② 我也不想自己这样，可是……

王皓：我最近就跟疯了似的，动不动就嘲弄同学，甚至还会故意搞恶作剧。看着他们出糗的样子，我会觉得很好笑。这样的结果就是周围的朋友都对我有意见，甚至疏远我。说实话，我也不想攻击性这么强，可是……唉，真不知道自己这是怎么了。

③ 我真担心自己会越来越"暴力"

李波：今天月考的成绩下来了，同桌因为粗心做错一道题，与第一名擦肩而过。我随口来了一句："这就是你平时在我面前不谦虚的报应，活该！"这句话让他很受伤，他说这比揍他还让他难受，根本就是"冷暴力"。什么时候我居然变得这么有攻击性了呢？

科学解析

攻击性是一种使他人受到伤害或以引起他人痛感为目的的行为，青春期男孩由于身心发展原因，遇事容易产生情绪波动，因此也时常充满攻击性。具体来说，由以下几个原因引起：

（1）心理不成熟

虽然青春期是男孩身心发展比较快的时期，但是他们的心理发展并没有完全成熟，当感到不高兴或者不安全的时候，就比较容易发生攻击行为，并且这也与其体内内分泌腺和雄性激素分泌过多有一定关系，男孩子通常比女孩子更强。

（2）为了显示自己的"本事"

处于青春期的男孩具有较强的自我表现意识，渴望被人关注和在他人面前显示自己

的能耐。因此，在这种情况下，就有可能发生攻击行为。尤其是在面对挫折和困难的时候，不能采取适当的办法化解，就会通过攻击他人发泄出来，同时这种攻击行为也会让男孩觉得自己很有“本事”，因此在以后这种行为也会愈加明显。

（3）社会不良因素的影响

青春期男孩分辨能力还不是很强，容易受到外界因素的影响。社会上流传的“老实人只会吃亏”等错误观念，也极易使男孩子受到影响而产生攻击性。另外，一些影视剧中以及小说中的武打、凶杀等场景，也会在一定程度上诱导男孩子进行模仿，从而产生较强的攻击性。

攻击性强不仅容易致使男孩因为冲动而做出错事，同时也不利于男孩子坚忍品质的培养，所以必须引起男孩子们的注意。

专家支着

既然攻击性强不利于青春期男孩身心的健康发展，那么男孩子们又该如何去应对自己的这种情况呢？可以试试以下的方法。

① 多与同龄人接触和交往

可以说，攻击性强是人际交往能力较弱的表现。所以，青春期的男孩子们不要把自己封闭起来，而是要主动与周围的同学以及同龄人接触和交往，也可以通过参加一些活动来扩大自己的交际范围，不断提高自己的交际能力。这样，在与他人愉快的相处过程中，男孩子的攻击性也会得到适当减弱。

② 要以正确的态度应对挫折

为了避免因为受挫而通过攻击他人的方式发泄，男孩子要学会以正确的态度应对挫折。例如，要正视挫折，明白挫折是每个人都会遇到的，找到受挫的原因之后要以积极的心态对待它。这样既能提高男孩子们的抗挫能力，同时也能培养自己的涵养，让自己能够更好地学习和生活。

③ 要有爱心和同情心

富有爱心和同情心的人，一般攻击性也相对较弱。所以，男孩子应当做有爱心和同情心的人，多进行换位思考，多体谅他人。这样，不仅能帮助自己削减攻击性，同时也能赢得他人的好感和信任，为自己赢取更多的朋友。

总之，攻击性太强，只会妨碍青春期男孩的成长以及人际交往，因此应该拒绝做让他人讨厌的“暴力者”。

小贴士

主动攻击和被动攻击又是怎么回事呢?

主动攻击是指攻击者本身缺乏自控能力，并且总是有意无意地对他人进行攻击；而被动攻击，则是指以被动的方式表现出强烈的攻击倾向，通常是表现得很被动和服从，一旦在外界受到打击，内心就会充满敌意和攻击性，并且在不能自控的方式下发泄出来，对他人造成攻击。不管是哪种攻击，男孩都应当尽量避免。

我似乎有了强迫症

强迫症多发于青春期吗

进入青春期后除了生理的变化之外，还有其他一些似乎不太正常的行为，比如对于自己喜欢的东西似乎到了不可收拾的地步，并且忍不住一次又一次地拿出来看，生怕其会消失似的。听说这是强迫症，我们想知道强迫症是不是多发于青春期呢？又该如何去应对呢？

男孩的烦恼

① 我不能看到地上的头发，否则就不舒服

佳一：不知从何时起，我和地上的头发较上了劲儿，只要看到地上的头发就一定要捡起来。尤其是在家里，姐姐每天梳头都会掉头发，所以每天我都要蹲在地上把那些头发捡起来丢进垃圾桶，否则就觉得地板不干净。我这是怎么了啊？

② 我严重怀疑自己得了强迫症

郑羽：大约从一个月以前开始吧，上学之前我总是不停地检查书包，总觉得自己忘了带什么。可事实上，什么也没有忘记带，可我就是不放心，一遍又一遍地检查。我现在怀疑自己得了强迫症，该如何是好？

③ 我这是洁癖还是强迫症

李昂：我最近疯狂地洗手，不管是干什么，只要干完就得洗手。哪怕什么也不做，脑海里也还总是想着洗手。我不知道我这究竟是洁癖呢，还是强迫症？好烦恼！

科学解析

强迫症是一种以强迫观念和强迫动作为特征的神经症，是指患者主观上感到某种不可抗拒的、不能自行克制的观念、意向和行为的存在，是一种典型的心理冲突疾病。强迫症的确多发于青春期，至于原因有以下几点：

（1）儿童时期的个性特征

源于儿童时期的可以诱发心理强迫症的因素在青春期阶段的作用没有消失，比如缺乏丰富的生活情趣、一丝不苟、胆小谨慎、喜欢钻牛角尖、做事优柔寡断、不会随机应变、适应陌生环境的能力较差等从小养成的个性特征。

（2）各种已经过去的生活事件持久影响青春期

比如家庭变故、家庭生活环境压抑、遭遇过重大挫折等，都会给青春期男孩带来持久的心理紧张和适应不良，从而引发各种青春期强迫症的习惯化。有些父母对孩子各方

面的生活制度要求过于严格，教育方式粗暴，惯于恐吓，都会使青春期的男孩子产生错误联想，继而产生强迫症。

(3) 先天因素

患强迫症的人的中枢神经系统的某些神经递质（如多巴胺等）不平衡可能与强迫行为有一定的关系，这也说明患有强迫症的男孩可能有易患强迫症的先天素质。

当然，最主要的原因还是与后天环境的影响以及男孩的个性有关，可以说是导致青春期男孩患上强迫症的主要因素。

专家支着

强迫症对青春期男孩的健康成长和心理发展具有消极的阻碍作用，甚至会导致其产生一系列的心理疾病。因此，需要引起男孩子们的注意，可以通过以下方法去纠正。

① 男孩要明白，强迫症不是精神病，不要有过多的心理负担

强迫症属于神经症的一种，并非是精神病。因此，可能存在这种情况的男孩不要有过多的心理负担，更不要因为这个焦虑和紧张，而是要正确认识它。

② 积极培养和发展自己的兴趣爱好

广泛的兴趣爱好有助于男孩转移注意力，从而忘掉那些强迫行为。因此，男孩子要积极培养和发展自己的兴趣爱好，比如养一些自己喜欢的小动物、绘画、练书法、做各项体育运动等，也可以是一些创造性的活动，比如手工小制作、趣味科学实验等，都是帮助青春期男孩纠正强迫症的好方法。

③ 多与同龄人在一起玩耍，多参加集体性活动

青春期男孩都有强烈的“自发性集合”倾向，即特别喜欢与同龄人一起玩耍。所以，男孩子们不妨充分发挥这种“优势”，多和伙伴们交流、沟通、玩耍，多参加一些集体性的活动，在相互模仿、相互学习的过程中，愉悦身心、减轻心理压力，强迫症也会不治自愈。

另外，多和父母、老师沟通，努力变得积极开朗等，也能在一定程度上预防强迫症。

小贴士

强迫症有哪些典型的行为呢?

强迫洗涤，即不管手是否清洁，一接触物体后就急于洗手，虽然知道没这个必要，但无法自制，否则就会像丢了魂儿一样；强迫计数，即走路时计算走的步数，进商店后会不由自主地数柜台上的盒子、瓶子等；强迫仪式，即做日常动作十分刻板，如开门后先要退两步再往里走，熄灯时必再开灯两次等——这些都是强迫症比较典型的行为。

烦死了，根本不能静下心来

如 何 应 对 浮 躁

青春期的生理疑惑解决了，心理的疑惑又来了。现在困扰我们的还有一个问题就是浮躁。无论学习还是做其他事情，始终静不下心来。想知道这种浮躁心态也是青春期的原因吗？又该如何应对呢？

男孩的烦恼

① 浮躁让我的成绩一落千丈

丁洋：我的成绩在班上虽然不是名列前茅，但是也还是在前十的。可是这段时间，我感觉自己好像特别浮躁。看书看不进去，听课的时候总觉得自己都懂了，一做题却总是出错。这让我的成绩最近下滑很快，不仅老师和家长担心，我自己更是烦恼不已。

② 我真想喝点“静心”口服液

兵兵：听说过更年期的人都比较浮躁，没想到我这青春期的也开始浮躁了。浮躁已经严重影响了我的学习和生活，甚至我都想买点“静心”的口服液喝了！

③ 烦恼，怎么才能静下心来啊

唐松：现在真是邪门了，不管是学习还是做其他的事情，我始终都坚持不下来，刚开始的时候踌躇满志，可是坚持不了多久就想放弃。我知道是自己的心态浮躁了，可是怎么才能让自己静下心来呢？

科学解析

浮躁心理是当前很多青春期男孩子的通病，主要表现为缺乏思考和计划，做事心神不定，没有恒心和毅力，无法做到脚踏实地等。想要摆脱这种消极心理，就要明白这种心理产生的原因。

（1）社会原因

现在整体的大社会环境都相对浮躁，每个人几乎都面临着生活和工作的压力，并且这种压力会使人们急于求成，心态不稳。而成人的这种心态会在无意中影响到孩子，尤其是青春期的孩子，身心已经有了一定的发展，但是因为并不成熟，再加上情绪不稳定，因此也就特别容易受到影响。

（2）青春期男孩子个人成长原因

青春期男孩是非观念还不是很清晰，因此很容易产生攀比心理。通过攀比，男孩子会对自己的生活状态不满，并渴望拥有理想的生活状态。并且受到拜金主义、投机主义等消极思想的影响，导致青春期男孩无法做到脚踏实地，在学习上缺乏恒心与务实精神，缺乏对自己能力的准确定位；在生活和人际交往中，更是急于表现自己，因此也就特别容易产生浮躁心理。

除了上述原因之外，自制力差、缺乏耐心等也是易产生浮躁心理的原因，男孩子在平时要多注意一些。

专家支着

浮躁是成功、幸福和快乐最大的敌人，也是影响青春期男孩健康成长的一个“大敌”，对此可采取以下方法应对。

① 养成先思考后行动的习惯

男孩子在做一件事之前，不要因为一时冲动去做，因为那样很容易半途而废，产生浮躁心理。最好养成先思考后行动的习惯，即在准备做一件事之前，先给自己一定的时间进行思考，分析可行与否，然后再做出最终决定。一旦决定行动，就要坚持到底。这样目的明确，实现的手段也会具体化，能在一定程度上防止浮躁心理。

② 不要和他人过分攀比

俗话说“知足者常乐”。男孩子要注意不要过分和他人进行攀比，而是要学着接受事实，踏踏实实做好自己应该做的事情。比如他人考试得了100分，羡慕是肯定的，但是也不能过分，而是要将这种羡慕转化为学习的动力。

③ 多进行自我暗示

自我暗示是控制情绪的一个简捷并且实用的方法，对于浮躁情绪同样适用。比如男孩子可以这样对自己进行暗示：我要用理智来控制自己，绝对不能让情绪主导我的行动。这样不断暗示之后，心里的浮躁情绪也就能得到一定的遏制。

当然，除此之外，还有很多应对浮躁心理的方法，比如通过读书找到自己浮躁的根源，培养自己的责任心和好奇心，多用榜样激励自己等，也都能在一定程度上帮助男孩子消除浮躁心理。

小贴士

浮躁心理有哪些危害?

浮躁是一种冲动性、情绪性、盲动性互相交织的不健康心态，青春期的男孩一旦产生这种心理，便很容易失去对自我的定位，会随波逐流，盲目行动。在学习上，导致自己无心学习或者学习效率下降，并且对自己优秀品质如坚毅、踏实等品格的养成也会产生阻碍作用。

我只能偷偷地哭

男儿必须有泪不轻弹吗

“男儿有泪不轻弹”，这是我们在现实生活中常说的一句话，小时候心里难过了哭鼻子没人笑话，可是现在长大了，再哭鼻子似乎有悖男子汉的风范。可是，男儿必须有泪不轻弹吗？是不是我们遇到伤心事了只能偷偷地哭呢？

男孩的烦恼

① 想哭却只能偷偷躲起来哭，好憋屈

小康：昨天被老爸冤枉了，还被他狠狠批评了一通。说实话当时我心里特别委屈，眼泪都已经在眼眶里打转儿了，可是为了面子，为了不让老爸笑话我大了还哭，我只能拼命忍着，完了之后躲到没人看见的地方偷偷哭泣。真是太憋屈了！

② 想哭不能哭，喉咙里堵得好难受

亚龙：以前心里委屈想哭的时候痛痛快快哭出来就什么事情也没有了，可是现在自

己长大了，不是小孩子了，想哭的时候只能憋着。但是这样憋着，喉咙里堵得好难受，并且感觉心里的委屈也发泄不出来！唉，一句“男儿有泪不轻弹”真是害人啊！

③ 想哭憋着，对身体会不会有副作用呢

牛亮：我现在想哭的时候也是憋在心里，因为害怕别人会笑话自己不像个男子汉。可是又听说想哭的时候憋着对身体不好，不知道是不是真的，如果是的话，岂不是拿自己的健康来换面子吗？

科学解析

“男儿有泪不轻弹”是中国的一句古话，人们常把这句话作为对男子汉的基本要求。虽然男孩子动不动就哭不太好，可是从健康的角度理解，强忍眼泪对人的身体确实有一定的危害。对于眼泪，男孩不妨作如下认识：

（1）眼泪的成分和作用

人的泪液是微碱性的透明液体，主要成分为水，大约占99%，其余1%为蛋白质、酶类、脂类、无机盐以及免疫球蛋白等物质。眼泪一方面能够保持眼球表面的湿润，另一方面也能保持角膜的透明性，并且还有冲刷和消除飞进眼里的灰尘、悬浮颗粒以及杀菌消毒作用，以保护眼睛免受损害。

（2）影响眼泪成分的因素

眼泪的成分受到诸多因素的影响，人的眼睛被葱、辣椒等刺激后产生的眼泪与悲伤哭泣时所流的眼泪的成分是不同的。人在悲伤哭泣时，流出的眼泪所含的蛋白质比被辣椒等刺激流出的眼泪所含的蛋白质要高得多，并且这时眼泪中所含的蛋白质大部分是对身体有害的，因而被称为“有毒的眼泪”。

（3）强忍眼泪对身体的危害

人在悲伤时，所流出的眼泪中含有对人体有害的蛋白质，如果这些毒素不能通过眼泪排出体外的话，很可能会影响人的身体健康。要知道，哭泣是人宣泄情感、放松自己最直接、最有效的方式之一。因此，在遇到伤心的事情或者委屈的时候，痛痛快快地哭一场，既能使有害物质随着泪水排出体外，同时也能够让人恢复平静。并且研究也表

明，在经常强忍眼泪的人中，患溃疡疾病和肠炎的概率要比其他人高出很多。

专家支着

强忍眼泪对身体健康有消极作用，那么在伤心难过的时候，男孩子又该如何去做呢?

① 不要强忍泪水，该发泄的时候要发泄

其实“男儿有泪不轻弹”后面还有一句“只因未到伤心处”。男孩子们，当心情极度悲伤、难过想要哭的时候，别因为害怕自己的男子汉形象受损就在心里憋着，不妨痛痛快快地哭出来吧。这样，不仅能将体内的毒素通过眼泪排出体外，同时也能舒缓自己的悲伤情绪，使自己的心理得到放松。

② 转移注意力，多想想高兴的事情

人在悲伤难过的时候，如果一味只想着这件事，只会让自己更难受。这时候最好暂时将这些伤心事抛到一边，多想一些能让自己高兴的事情，或者看一些搞笑的视频、电影等，通过转移注意力的方式放松自己的心情，从悲伤的情绪中走出来。

③ 努力提高自己的抗挫折能力

通常情况下，抗挫折能力强的人意志力也比较坚定，因此在遇到一些伤心的事情时，也往往表现得很淡定。因此，青春期的男孩子应当努力提高自己的抗挫折能力，培养自己积极、开朗的个性特征，以积极的眼光与心态对待一切困难和挫折。

总而言之，男孩子在伤心难过的时候，也可以哭出来，如果不好意思的话可以找一个没人的地方发泄，同时也可以采取其他一些缓解自己悲伤情绪的方法，让自己的情绪得到发泄和放松。

小贴士

听说哭的时间长了对身体也不好，是吗?

虽然说强忍眼泪对身体有害，但是要注意哭的时间不宜超过15分钟。压抑、悲伤的心情得到发泄和缓解之后，就不能再继续哭，否则对身体反而有害。这是因为人的胃肠机能对情绪极为敏感，忧愁悲伤或哭泣时间过长的话，胃的运动会减慢，胃液的分泌减少、酸度下降，从而影响食欲，甚至会引起各种胃部疾病。因此，哭的时候也不能时间过长。

他冤枉我了

被人误解了怎么办

都说青春期的我们是最朝气蓬勃的，也是敢做敢当无畏无惧的。的确，我们自己也有这种感觉，可是虽然我们敢做敢当，但是面对他人的冤枉和误解，还是让我们感到郁闷和不知所措，甚至有时候会因为这个而情绪不佳。

男孩的烦恼

① 真是百口莫辩，郁闷死了

永超：我生平最讨厌的事情就是被人误解，可是最近不知道怎么回事，老是被人误解。比如昨天吧，本来是我做值日的，可是因为有事便和另外一位同学换了一下，可是这位同学在打扫卫生时不小心把同桌新买的墨水打翻了。同桌以为是我所为，气呼呼地冲我发脾气。那位同学也不解释，弄得我也是百口莫辩，真是郁闷!

② 好朋友冤枉我了，我该如何去面对他

丁聪：我原本就是个不善言辞的人，有时候受了委屈也会忍着不解释。可是这次不一样，我被我最好的一个哥们儿误会了，他现在不理我了，我也不知道该怎么办。解释吧，怕对方说我“解释就是掩饰”；不解释吧，我又不愿意就这样失去一位好朋友。真不知道到底该怎么办才好。

③ 被冤枉的滋味真难受啊

达明：以前只冤枉过别人，从来没被别人冤枉过，昨天我也被人冤枉了，才知道被人误解的滋味这么难受。可是我又不知道该怎么解决，因为我和对方并不熟悉，如果我跟他解释的话，他会相信我吗？

科学解析

被人误解的滋味很难受，对于青春期的男孩来说，这会让他们情绪低落，同时也会不知所措。面对他人的误解，男孩过分在乎是有原因的：

（1）在乎自己在他人心目中的“完美”形象

青春期的男孩自我意识很强烈，也很在意他人对自己的看法，他们渴望自己在他人心目中是完美的，因此也就十分在意自己的“形象”问题。当被人误解的时候，尤其是被误解的内容为消极内容时，就会让男孩觉得自己的“完美”形象受损了，因此也会感到不安与烦恼。

（2）青春期的男孩过于敏感

和青春期的女孩一样，青春期的男孩也是敏感的，因此也就格外关注他人对自己的意见和看法。他们渴望被理解，同时也害怕被误解。有时候即使是一个很小的误会，也会在青春期男孩的心里掀起“惊涛骇浪”，这一切，都是由于他们过于敏感所引起的。

（3）渴望友谊，害怕失去朋友

青春期男孩十分渴望朋友和友谊，再加上交际的心理需求，因此他们十分珍视每一个朋友，并且害怕失去朋友。当被朋友，尤其是自己在乎的朋友误解时，男孩的心里会非常不安，甚至忧心忡忡，以至于陷入无尽的烦恼之中。

专家支着

被人误解确实会很烦恼，但是如果不积极采取解决的办法，则很可能会使误会越来越深。那么，被他人冤枉误解时，男孩子又该如何去做呢？

① 主动和对方解释清楚

当对方误解自己的时候，男孩应该主动去和对方解释清楚，通过沟通将误会解开。有些男孩子可能觉得错不在自己，因此也不愿意主动与对方“和解”。对此，要提醒各位男孩子的是，主动和对方解释不但不会使自己“掉身价”，反而更能显示出自己的真诚。相信只要你态度真诚，对方也一定会相信你的解释，从而解开彼此之间的误会。

② 理性客观认识“误解”

不管是在学习中，还是在平时的生活中，与老师、同学、家长、朋友等产生误会是很正常的。当出现误解的时候，男孩子不要心事重重，也不要一味抱怨对方，而是要先反思一下自己哪些地方做得不好，然后再真诚地向对方解释清楚，并以自己的实际行动去改变他人对自己的看法。

③ 提高自己的沟通能力

石油大王洛克菲勒曾经说过：“假如人际沟通的能力也是同糖或咖啡一样的商品的话，我愿意付出比太阳之下任何更高的代价去购买这种能力。”由此也可以看出沟通能力的重要性。很多误解之所以会产生，主要还是因为沟通不畅所造成的。因此，青春期男孩一定要学习一些沟通技巧，提高自己与他人沟通的能力。

男孩要相信，只要自己能拿出一颗真心，真诚对待每一个人，就能换来对方的真诚与信任。

小贴士

青春期男孩常遇到的误解有哪些?

青春期男孩常遇到的误解可分为同性之间的误解和异性之间的误解。一般情况下，同性之间的误解比较容易化解，而异性之间的误解则相对不易化解。这是因为青春期的男孩和女孩都比较敏感，一旦误解产生，女孩往往拒绝沟通，而男孩则会显得手足无措。因此，在和女孩接触时，男孩要稍加注意，尽量避免产生误解。

莫名其妙就会焦急

青春期焦虑情绪如何疏散

进入青春期后，感觉自己越来越不“淡定”了，一点点小事就会让自己莫名其妙地焦急。我们也知道，这种焦虑情绪对身心健康发展不利，可是又不知道该如何疏散这种消极情绪，真让人头疼不已。

男孩的烦恼

① 总是莫名其妙地焦急，怎么办

杨一：我发现自己最近一段时间的情绪不是很好，总是莫名其妙地焦急。比如想到上一届的学生马上就面临中考，我的心也会跟着紧张和不安起来。这还没到自己中考呢，如果轮到自己的时候，岂不是会完全疯掉啊?

② 焦虑情绪已经影响到我正常的学习和生活了

大林：我快要受不了了！这段时间不管是学习还是做其他的事情，我的心始终静不下来，总是莫名地紧张、焦躁，这种情绪直接影响到了我上课的听课效率以及正常的生活。我不知道自己究竟是怎么了，一点儿小事就会让我紧张和焦急不安。

③ 我怀疑自己的心理有问题了

陈丕：我越来越觉得我的心理出问题了，要不然怎么总是惶恐不安呢？看到蹒跚学步的小孩子在路上走，我会担心他摔倒；看到路上奔驰的汽车，我会担心发生车祸……反正，总是莫名其妙地因为一些事情焦急，真想有个人为我指点迷津啊！

科学解析

焦虑症即焦虑性神经症，常以焦虑情绪反应为主要症状，同时伴有明显的植物性神经系统功能紊乱。对于青春期男孩的焦虑情绪，男孩子需要做以下认识：

（1）出现焦虑的原因

青春期是焦虑的易发期，在这一时期，男孩子的身体发育加快，身心变化也处于一个转折点。随着第二性征的出现，男孩对自己在体态、生理和心理方面的变化，会产生一种神秘感，甚至不知所措。比如男孩会出现性冲动、遗精等，这些都会对男孩子的心理和情绪产生很大的影响。如果对这些不能有一个很好的认识和了解的话，就极易出现紧张、不安、孤独、害羞等情绪，并且还有可能出现头晕乏力、无精打采、神经过敏等焦虑不安症状。并且这种情绪也会影响到男孩的生活和学习，导致其时常出现莫名其妙的焦急情绪。

（2）对男孩成长的危害

青春期的焦虑会严重危害男孩的身心健康，如果长期处于莫名紧张焦虑情绪中，会致使男孩的注意力不集中，紧张恐惧，心情低落，甚至会产生抑郁等心理疾病。

青春期的焦虑是男孩身心发展不成熟所造成的，但是如果不注意的话，就会演变为一种心理疾病，严重影响男孩正常的成长、学习和生活。

专家支着

既然青春期焦虑对男孩的成长和发展会产生这么多消极影响，那么男孩子们在平时又该如何做才能疏散这种不良情绪呢？下面就为男孩子们提供一些疏散焦急情绪的方法和措施，可以试一试。

① 找出自己焦虑的原因

俗话说“对症下药”，焦虑也是一样，想要疏散这种情绪，就先要找到自己产生焦虑情绪的原因。比如是因为害怕或者恐惧原因所致，那么就要将这种情绪表达出来，请求父母或者老师帮忙；如果是因为好奇和不了解的话，不妨试着通过适当的方式去了解让自己好奇的事物，当弄清楚“真相”之后，这种焦虑情绪自然也就不复存在了。

② 通过刺激转移注意力摆脱焦虑情绪

时常焦虑的男孩脑中总是胡思乱想，坐立不安，痛苦不堪。当有这种情绪的时候，可以采用自我刺激的方法，通过转移注意力去摆脱。比如找一本能吸引自己注意力的趣味书籍，或者从事自己喜欢的娱乐体育活动，再或者帮助父母做一些家务活儿等，都会在一定程度上忘却焦虑。

③ 自我暗示

自信是摆脱青春期焦虑的重要前提，因此男孩子应当培养自己的自信心，同时也要多暗示自己树立信心，对自己有一个正确的认识，相信自己具备处理突发事件和完成各项工作的能力，更相信自己能够通过努力完全消除这种不良情绪。通过不断地自我暗示，男孩子们的自信也会多一点，相应地，焦虑情绪也会减少一些，最终完全摆脱这种消极情绪对自己的纠缠。

除了上述方法之外，寻求心理医生的帮助，自我催眠等也都是一些疏散焦虑情绪的好方法。

小贴士

青春期焦虑症有哪些?

青春期焦虑可分为精神性焦虑和躯体性焦虑两种。精神性焦虑主要表现为心神不宁、坐立不安、恐慌以及精神紧张;而躯体性焦虑表现有查不出原因的各种身体不适感,如心慌、手抖、口干、多汗、胸闷等自主神经失调症状。

有时候,我都不想活了

怎样打消自杀念头

都说青春期是我们的花季,是我们一生中最为美丽的时期,可是在这样美丽的时期,我们有时候却会觉得生活没有一点儿意思和希望,甚至会产生不想活的念头。这种念头很恐怖,可是又不知道怎么才能打消。

男孩的烦恼

① 恐怖,我居然想到了自杀

杨子磊: 最近感觉什么都不顺,学习成绩下滑,和父母也总是出现沟通障碍,跟周围同学的关系也大不如以前。真不知道是我的原因,还是别人的原因,反正就是心灰意冷,觉得活着特没意思!天哪,这太恐怖了,我竟然想到了自杀,好害怕。

② 真想从28楼跳下去一了百了

木木: 为了这次的数学竞赛,我真的是付出了所有,可是结果却还是那么不理想。今天我坐在28楼家里的阳台上,看着灰蒙蒙的天空,居然有从28楼跳下去的冲动。死了是不是就没有这么多烦恼了？也就一了百了了？我不会真的疯了吧？

③ 我不想活了，快要被逼死了

凯鹏：现在特别羡慕那些死了的人，因为他们没有升学考试的压力，没有人际交往的压力，没有将来找工作的压力……而活着的我，总是被各种压力压得喘不过气来！真的，我一点也不想继续活下去了，还不如死了清静呢。

科学解析

自杀是当一个人的烦恼和苦闷发展到极限，对失败产生恐惧，对生活失去信心，对现实感到绝望而采取的唯一的、最后的自我保护手段。青春期的很多男孩之所以会有这种念头，主要有以下两个因素：

（1）内部因素

内部因素主要指不良的人格特点，如性格相对比较内向，具有自卑、依赖性强、情绪不稳定、固执、缺乏责任感、敏感多疑等性格特征。这种偏执型的人格，常常会导致青春期男孩对周围的事物产生错误的理解和认识，继而产生消极悲观的情绪，最后演变为想自杀。

（2）外部因素

青春期男孩的心智发育还不是很成熟，加之这段时期情绪不稳定，在面对外界一些压力的时候，时常会陷入极端情绪中。比如学习压力过大，与父母的关系不是很好，与周围同学的关系不融洽或者遭遇家庭变故等，这些都会导致青春期的男孩产生过大的心理压力。当这种压力不能以正确的途径发泄出来的时候，就会导致男孩子消极悲观，对生活失望，继而产生自杀的念头。

另外，抑郁、自卑等不良情绪也会致使青春期的男孩产生自杀念头。

专家支着

青春期的男孩子之所以会产生自杀念头，除了这一时期的情绪影响之外，抗挫能力过低、性格不良是主要因素。对此，男孩应当采取以下方法尽量避免这种消极念想。

① 学会寻求心理平衡

比如在遭遇挫折的时候，不要总是想着挫折对自己的消极影响，而是要以积极的态度应对；也可以选择暂时放弃，从其他方面获得成功以补偿；还可以采取一些折中的办法，找一些理由进行自我安慰等，这些都会在一定程度上使自己的受挫心理得到平衡，从而也就能有效避免自杀等消极情绪的产生。

② 注意培养自己坚强的意志

当青春期的男孩内心感到压抑和难过时，可以通过向他人倾诉、写日记、运动等方式发泄出来。在学会转移内心消极情绪的同时，更要注意培养自己坚强的意志。因为意志坚强的人能够更好地面对困难和挫折，不会轻易产生放弃、自杀等消极的思想。

③ 正确看待生与死

生老病死是每个人都需要面对的事情，因此对于死亡没必要回避。但是一定要了解死亡的概念，以及死亡对自己和亲人意味着什么。当男孩们想明白这些问题的时候就会更加珍惜生命，自杀的念头也就不会再出现。

当然，除了以上方法之外，青春期的男孩在平时也要多和家长、老师、同学接触，培养广泛的兴趣爱好和积极的性格，这些也都能在一定程度上避免男孩子产生自杀的念想。

小贴士

该如何提高自己的心理素质呢？

一定要对个人有正确的评价和认识，既不能妄自菲薄，也不能自骄自傲。另外，要树立正确的人生观与世界观，尽可能增加积极的情绪体验，养成良好的学习和生活习惯，这些都能体现出一个人的心理素质和精神风貌，同时也是青春期男孩提高自己心理素质的基础，能在一定程度上促进其心理健康和保持心理平衡。

第八章

叛逆，就是想对着干

提到青春期的男孩子，就不得不提到一个词——叛逆。可以说，叛逆是青春期少男少女的“标签”，尤其是男孩子，叛逆心理更是很重，喜欢与家长、老师对着干。对于自己的这种心理和行为，男孩子又该如何理解、如何应对呢？看完这一章，就能找到答案。

不让我们好，我偏不

青春期如何应对早恋

我们最讨厌的就是别人干涉我们的私事，就拿谈恋爱这件事来说吧，总是说早恋不好。在我们看来，我们已经长大了，有恋爱的权利和自由。别人越是干涉，我们也就越不服气，不让我们好，我们偏要好，哼！

男孩的烦恼

① 昨天又被老爸臭骂了，我很不服气

小航：昨天和女朋友在街上逛的时候被老爸看到了，回家就把我臭骂了一顿。这让我很不服气："不都说恋爱自由吗？你们凭什么要干涉我的自由？"现在为了这事，老爸管得我更严了，真是让人讨厌！

② 哼，越不让我们好，我们偏要好给你们看

印力：我和班上的一名女生互有好感，本来我们没想着早恋，可是父母发现我们"暧昧"后就开始找我们的事。除了每天盘问之外，还偷看我的日记、短信。这让我非常反感，既然你们这样对我，不让我们好，我们偏要好给你们看！

③ 为了故意气父母，我选择了早恋

亚博：其实我知道早恋不好，可是没办法，是父母"逼迫"我这么做的。他们总是对我疑神疑鬼的，甚至我跟哪个女生有来往他们都要过问。就是他们这种态度激怒了我，于是我便答应了一直暗恋我的女孩，我想看看他们到底能拿我怎么样！

科学解析

青春期男孩升入高中以后极易陷入早恋中，当父母或者老师干涉的时候，会让男孩

子的叛逆心理加重，故意和家长、老师对着干。至于这一时期容易陷入早恋的具体原因，也有以下几点：

（1）心理不成熟

进入青春期，青少年情窦初开，对异性的注意力也越来越强烈，有彼此接近的需要和情感上的吸引，这是进入青春期的特点。但生理发展日趋成熟而心理调节能力相对滞后，所以不能很好地把握异性间的正常交往与友谊，常常误把友情当作爱情或将纯洁的友情发展为爱情。

（2）渴望充满爱的氛围

青春期正好是求学的关键时期，在这一时期，男孩的学习比较紧张，与同学、家长、老师之间的沟通逐渐减少，这便使得一些男孩深感孤独寂寞，渴望爱情，希望能在充满爱的氛围中生活。因此，当有异性向自己表达爱慕之情时，便会因为孤独和冲动陷入早恋中。

（3）逃避学习的压力

随着学习负担的逐渐加重，再加上升学考试的巨大压力，使很多学生常常感觉压力大、学习中也是重重困难。面对这些压力与困难，又缺乏勇气与坚强的品质，便选择早恋来逃避。

（4）虚荣心作祟

青春期的男孩渴望得到异性的关注和爱慕，当他们在学习和生活中的虚荣心得不到满足时，便很容易被异性的赞美和欣赏所打动。尤其是一些长得比较帅的男孩，面对异性对自己的爱慕，虚荣心更是会得到极大的满足。为了证明自己的“魅力”，他们便不顾老师和家长的极力反对陷入早恋中。

（5）社会环境的影响

流行歌曲、言情书刊、影视剧中充斥着大量的动人爱情故事，也会对青春期男孩产生诱导，使得他们因为好奇而进行模仿。在与异性接触之后，便迅速发展为恋爱关系。

青春期男孩的心理发展不成熟，再加上叛逆心理较重，因此极易和家长、老师对着干，陷入早恋的泥淖中。

专家支着

早恋影响男孩子的学习和生活，那么对于早恋，青春期的男孩又该如何应对呢？

① 清楚认识到早恋的危害

早恋最直接的危害就是严重影响学习，男孩一旦陷入早恋便会分散精力，再加上心理不稳定，一旦闹别扭更是会难以集中注意力学习；另外就是男孩还没有经济基础，并且缺乏各方面的考虑，因此恋情也难以维持，甚至还会对双方的心理造成伤害。因此，在认清了早恋的危害之后，男孩一定要用理智和冷静去战胜这种并不成熟的情感。

② 学会正确处理与异性的关系

关注异性、喜欢与异性同学进行交流和接触，这是进入青春期的正常现象。但关键的是要与异性同学建立积极、健康、向上的关系。在与异性同学交往的时候要注意适度，方式要恰当，并且为大多数人所接受。一定要做到坦诚真实，与异性朋友交往要和同性朋友一样，成为真正的朋友。尤其需要注意的是，不能无所顾忌，以免给对方以及周围的人造成错觉。

③ 多为对方考虑

男孩子应该知道，当与异性之间的友情变为所谓的爱情时，在给自己造成不良影响的同时，也会给对方带来困扰和麻烦。比如对方会想如何接受自己或者如何拒绝自己，这些都会在一定程度上让对方伤神，继而无法专心学习。因此，作为男孩子，要多为对方考虑，不要随意和对方陷入早恋的旋涡。

④ 多进行一些自我反思

比如想想自己有什么资格或者有什么能力去承担一份爱和感情，想想自己是出于何种目的想恋爱的，等等，当想清楚这些问题的时候，相信男孩也就不会再轻易去叩开早恋的大门了。

青春期的男孩，对于同伴情感有着强烈的需求，尤其是对异性的情感，往往充满着好奇和向往，这些都可以理解。但是对于早恋，还是应该三思、谨慎。

小贴士

千万别因为和父母、老师赌气而陷入早恋

叛逆是青春期男孩最大的特点，有时候为了和家长、老师赌气会故意陷入早恋，一副“越不让我干吗，我就越要干吗”的样子。对此，要提醒各位男孩，无论是这种想法，还是这种做法都是极其愚蠢和幼稚的。要知道，这样做伤害的不仅仅是关心、爱护自己的家长和老师，更会对自己和对方正常的学习与生活造成消极的影响。

我要把头发染成红色

染头发才能凸显个性吗

青春期是个性张扬的时期，这一时期就要够个性、够特别才能显得自己与众不同，也才能凸显自己独特的魅力与个性，因此我们觉得染发是一个不错的选择，因为这样最能引起别人的注意。

男孩的烦恼

① 头发染成了红色，我却高兴不起来

光辉： 为了赢得更多的回头率，我把自己的头发染成了时下最流行的红色。虽然回头率是高了，可是我却高兴不起来，因为我发现别人看我的目光总是怪怪的。唉，真是让人不懂啊！

② 妈妈说，染发对健康不好，是真的吗

张毅： 我跟妈妈说想要染头发，妈妈说我这个年龄不适合，因为我还是个学生，并且最重要的是染发对健康有危害，这是不是真的呢？

③ 因为染发，我被班主任叫去谈话

立杨：看着电视上那些明星染的头发特别帅气和个性，于是我也把自己的黑发染成了黄色。可是班主任却找我谈话，说我这样与自己的学生身份不符，并且对他人的影响也不好。唉，染个头发也被别人说三道四的，真烦人！

科学解析

进入青春期，男孩子们会非常在意自己的外在形象，再加上一些偶像明星的影响，男孩子们更是渴望能拥有迷人的外表，渴望和明星一样有一头凸显自己个性的头发，并且也开始在头发的颜色上大作“文章”。殊不知，染发对健康是有一定危害的：

（1）长期使用染发剂对健康有害

大多数的染发剂中都含有对苯二胺，这种物质容易引起红肿、发痒、湿疹等过敏症状。还有一些染发剂中含有芳香胺类的化合物，是一种致癌物质。长期使用染发剂还可导致机体免疫功能紊乱，致使红斑狼疮发生。还有一些染发剂可导致过敏性皮炎、过敏性眼结膜炎等。

（2）染发剂直接接触头皮，化学毒素也最易进入头皮

众所周知，染发剂是直接接触头皮的，而头皮是人体毛囊最多、最密集的部位，染发剂中的化学成分会直接通过头皮进入毛囊，继而进入体内。并且，即使染发剂没有直接接触头皮，但其里面所含的化学成分经过挥发形成气体后，也一样可以通过毛囊进入体内。

（3）染发与青春期男孩的身份不搭

青春期的男孩大多还处于求学阶段，身份也多为中学生。学生的主要任务是学习，染发不仅会分散精力，而且也与学生的身份不符，对周围的同学也会造成消极的影响。要知道，学生应该是朴素的，并且大多数学校也规定中学生不能化妆，不能穿奇装异服。所以，从这个角度来说，染发有悖于自己学生的身份，也会影响自己正常的学习和生活。

总之，对于青春期的男孩来说，染发并非是凸显自己个性的方式，相反，是在损害自己的健康。

专家支着

对于青春期的男孩来说，凸显自己个性最好的方式就是随性，即用自己特有的青春活力来展现青春期男孩特有的魅力，而不是用染发这样有损健康的方式去赢得所谓的回头率。

① 把主要精力放在学习上

青春期是男孩学习科学文化的关键时期，在这个阶段应该将主要精力和注意力放在学习上，积极培养和发展自己的兴趣爱好，不断提升自己的科学文化水平和自身素养。当男孩忙着学习和发展自己的兴趣爱好的时候，自然也就不再关注所谓的流行和时髦了，也就不会整天想着染发了。

② 通过其他更积极的方式去凸显自己的个性

青春期是男孩子成长的关键期，也是最有活力和朝气的时期，在这段时期，凸显个性最好的方式就是把自己最富活力和朝气的一面展现出来。比如可以在篮球场上挥洒汗水，在绿茵场努力奔跑，在各种体育和文艺活动中充分展现自己的天赋和才能……这些都是最符合青春期男孩以及最积极的凸显自己个性的方式。

总而言之，染发并不适合青春期男孩，无论是从健康角度还是从其他角度，都应该拒绝。

小贴士

是不是任何情况下都不能染发呢?

如果遇到特殊情况，比如演出或者其他因素，必须染发的话，也不是不可。但是男孩要注意，在平时的生活中最好不要染发。如果是因为头发原因（例如头发发白）必须染的话，也要染成大众的黑色，并且一年最好不要超过两次。

新买的牛仔裤，剪几个洞才穿

我为什么只想穿破洞牛仔裤

以前对待穿衣打扮没什么特别的想法，只要合身即可，可是现在不一样了，我们已经进入青春期了，也该开始注重自己的穿衣打扮了。因为追求个性，我们总喜欢把新买的牛仔裤剪几个破洞再穿，可是他人似乎并不认同和接受我们这种做法……

男孩的烦恼

① 我追求个性也是错吗

晓波：郁闷死了，因为我把新买的牛仔裤剪了几个小洞洞，被妈妈骂了一顿，说我“败家”。虽然我解释说我喜欢这样穿，可是妈妈却不理解，说我以丑为美。这让我很“受伤”：我追求个性也有错吗?

② 我就喜欢穿破洞牛仔裤，这有什么不妥吗

岳勋：现在最流行的就是“乞丐服”了，洗得发白发旧的牛仔裤上戳几个小洞洞，真是个性十足。虽然我非常喜欢穿，可是老妈却不同意，说不好看，跟个小混混似的。

这让我有些难以接受，我喜欢穿破洞牛仔裤怎么就成小混混了？

③ 越是破洞牛仔裤我就越喜欢，可是却被父母骂“脑残”

薛斌：我现在疯狂地迷上了破洞牛仔裤，我觉得穿在身上特别帅、特别酷，所以便把自己所有的牛仔裤都剪成了破洞版，可是父母看了却骂我“脑残”，这让我气愤不已，这怎么就成“脑残”了？

科学解析

青春期也是男孩“爱美”的时期，他们希望自己能像电视明星一样又帅又酷，再加上叛逆心理，破洞牛仔裤等奇装异服也便很自然地被他们穿到了身上。可能男孩觉得这样很个性，很吸引人，实则不然：

（1）奇装异服并不适合青春期的男孩

处于青春期的男孩大多都还是学生身份，以前，穿奇装异服是不允许进学校的，现在提倡个性，稍微穿得潮流一些也没多大事。但是如果穿的服饰过于“个性”和“奇特”的话，则只会让他人觉得与学校的主流风气不相称。并且这种穿着出现在学校，虽然回头率有了，但大多并非是欣赏，而是鄙视。所以，奇装异服对于青春期的男孩来说，并非是展示自己个性的最佳选择。

（2）容易分心，影响自己的学习

破洞牛仔裤、色彩怪异的宽大T恤、背后印着骷髅头的外套等奇装异服，只会掩盖住青春期男孩特有的纯真，尤其是在膝盖上挖洞洞的破洞牛仔裤，天气凉的时候穿着还可能会导致关节炎等疾病。并且男孩将心思花在如何搭配和设计自己的奇装异服上，学习的精力和注意力也会受到影响，甚至导致男孩无心学习，从而也会影响正常的学习。

青春期的男孩渴望个性，这一点无可厚非，但是奇装异服并不是彰显自己个性的方式，反而会掩盖住这个时期特有的个性和纯真。

专家支着

既然奇装异服并非适合自己的打扮，那什么样的打扮才是适合青春期男孩的呢？

① 宽松舒适的运动装

青春期的男孩子应该是积极的、阳光的、充满活力的，而运动装正好符合这个特点。所以，对于青春期的男孩来说，穿着宽松舒适的运动装最能彰显自己的青春活力，因此也可以作为日常生活中的穿着。

② 简单、朴素的休闲服饰

除了运动装之外，青春期的男孩也可以穿休闲装。只不过这种休闲装是专门针对青少年的，比如完整的牛仔裤、T恤、休闲外套等，穿在身上既舒服，同时也符合自己的年龄特点，因此也就更能体现出自己的青春个性。

当然，除了运动装和休闲服饰之外，青春期的男孩还可以穿其他一些符合自己年龄特点的各种风格服饰。但是不管哪种风格，一定要简单、朴素、大方，而非奇装异服。

小贴士

年轻就是最大的美和个性

男孩子一定要明白，在最美的年龄里，不作任何修饰就能胜过一切修饰，因为年轻就是最大的美。所以，青春期的男孩，一定要珍惜自己的纯真美，树立正确的审美观念。奇装异服并不是帅和酷，作为学生，最大的帅气和个性还是来自于对知识的渴求以及对美好品质的追求。

全班只有我敢和老师顶嘴

和老师顶嘴是胆子大的表现吗

以前胆子很小，老师说什么就听什么。现在不一样了，我们长大了，也变得“勇敢”了。在课堂上，如果老师的话我们不认同的话，也敢和他顶嘴了。可是家长却说，和老师顶嘴不是勇敢和胆子大，而是不尊重老师，真的吗？

男孩的烦恼

① 同学们说我是“勇敢”，父母却说我“不懂礼貌”

鹏龙：哈哈，全班现在只有我敢和任课老师顶嘴。比如昨天语文课，老师说鲁迅的文章写得好，我偏说不好，气得老师脸都白了。同学们说我“太勇敢了”，可是我跟父母讲了这件事之后，他们却批评我“不懂礼貌”，还要求我跟语文老师道歉！

② 和老师顶嘴到底是不是胆子大的表现

郝哲：以前我是个胆子很小的男孩，现在不知咋的，胆子突然变大了，就连以前我最害怕的数学老师，现在我也敢和他顶嘴了。甚至有时候，我还会故意和他顶嘴。他们都说我这是胆子大的表现，可是我却怀疑，我真的需要这样“大胆”的表现吗？

③ 今天又跟老师顶嘴了，觉得自己有点过分了

孙彭：今天上英语课的时候，我又和英语老师顶嘴了，这已经是我第三次跟她顶嘴了。看着她生气的样子以及失望的眼神，我心里竟然有一丝懊恼，而非先前的得意。这一次，我没有觉得自己胆子大，而是觉得自己很过分。唉，怎么办啊？

科学解析

青春期男孩都渴望自己在他人眼中是坚强的、勇敢的、胆大的，为了证明自己的勇气，他们会选择以前不敢做的事情，比如与老师或者家长顶嘴。甚至有些男孩还会以全班只有自己敢和老师顶嘴为荣。对于这种行为，原因有以下几点：

（1）叛逆心理在“作怪”

处于青春期阶段的男孩最典型的一个特征就是叛逆心理很重，在学校喜欢和老师对着干。比如老师让往东，他偏要往西；老师让这样做，他偏要那样做……似乎只有这样

才能显示出自己的勇敢和胆大。尤其是看到老师生气和无奈的样子，更是会让男孩内心产生一种“成就感”。

（2）渴望成为“焦点”

青春期男孩渴望得到老师和同学的关注，渴望成为他们眼中的“焦点”人物。当和老师顶嘴时，尤其是全班只有自己敢和老师顶嘴时，必定会成为全班中的“特殊人物”，也会让同学对自己刮目相看。这一切都会让男孩渴望成为“焦点”的心理得到满足，觉得自己很特别，很了不起。

（3）与老师之间有“摩擦”

有些男孩之所以和老师顶嘴，是因为和老师有“摩擦”。比如，这位老师曾经当着众人的面批评过自己，或者因为个人原因就是不喜欢这位任课老师等，为了发泄对老师的不满，便故意和老师顶嘴。

当然，叛逆心理以及心智发育不成熟是导致青春期男孩和老师顶嘴的主要原因。

专家支着

与老师顶嘴并非是胆子大的表现，相反是不尊重老师的行为。对于这种行为，男孩子应当正确认识。那么，在平时的学习中，男孩子又该如何避免这种行为呢？

① 端正学习态度

男孩子要明白，学习是自己的事情，是在为自己而学，因此一定要端正学习的态度，弄清楚学习对自己的重要性。当明白这一点的时候，即使面对自己不喜欢的老师，也不会对其所教授的课程产生排斥情绪，从而也就避免了和老师顶嘴。

② 正确对待老师的教育和批评

男孩子请记住，没有不希望学生取得优异成绩的老师，就算老师有时候批评自己，也都是出于责任和希望。不管是什么原因导致你被老师批评，都要理性、客观地对待。如果是因为自己学习差或者偏科，那么不妨努力改变自身的状况，让老师看到你的进步，这样自然也就能得到老师的欣赏和喜爱，你对老师的负面消极情绪也会逐渐得以转化，师生关系融洽了，也就不会再想着和老师顶嘴了。

③ 尊重老师，积极和老师进行沟通

“春蚕到死丝方尽，蜡炬成灰泪始干。”作为学生，应当从内心深处尊重老师。如果在学习或者其他方面与老师存在分歧或者误会的话，要主动积极和老师进行沟通，把自己的想法和意见告诉老师。这样一方面能有助于不断提高自己的学习能力和学习成绩，另一方面也能促使自己学会更好地与老师相处。

真正的胆子大并非是在课堂上敢于和老师顶嘴，而是一种从骨子里散发出来的无所畏惧和勇敢的精神气质。这一点，男孩子要牢记。

小贴士

和老师顶嘴了，怎么办?

与老师顶嘴了，不管出于什么原因，首先要意识到这是不尊敬老师的错误行为。因此，必须鼓起勇气，向老师赔礼道歉。同时，也要冷静理智地想一想自己为何与老师顶嘴。比如是因为老师批评了自己，那么就要想想老师批评自己的目的。总之，要多设身处地地想一想，从自己身上找出原因，然后积极改正。

哼，再说我，我就离家出走

怎样打消离家出走的念头

我们最烦的就是父母的管教和唠叨，有时候面对他们的“不可理喻”，真的一点儿都不想继续在家里待下去，甚至想离家出走。虽然知道这种想法不好，可是父母一说，这种念头就会出现在脑海中，怎么才能打消这种不好的念头呢?

男孩的烦恼

① 只要父母训我，我就想离家出走

向前：现在真是邪门了，总和父母说不到一起，然后他们就批评我、说我，弄得我心里很烦。现在只要他们一说我，我就特别厌恶这个家，觉得没法再继续和他们在这个家待下去，甚至会冒出离家出走的念头。

② 真想从这个家里逃出去，可是又不知道该去哪儿

强子：我烦透了父母每天的唠叨，永远是学习、学习、学习，回到家三句话指定会扯上学习，完全不顾我的心里感受和学习的压力。有时候真想从这个家里逃出去，可是我又能去哪儿啊？真的好矛盾！

③ 无法和父母沟通，还不如一走了之

阿亮：现在每天回家都要面对沟通不来的父母以及他们无休止的说教和批评，这让我十分厌倦。与其在这种让自己心烦的环境中，倒不如一走了之。或许我真该想想去哪儿了，只有我离家出走，才能让他们对我“顺从”一点儿。

科学解析

青春期是男孩一生中既关键又特殊的时期，在这段时期，很多男孩都会有离家出走的念头，原因主要有以下几点：

（1）学习的巨大压力

受“万般皆下品，唯有读书高”观念的影响，社会上形成了追求高学历的风气，这也使得很多家长对孩子往往抱有很高的期待，并且要求也很严格，给青春期的男孩造成了很大的心理压力。面对这些学习的压力，男孩子们只能通过高考才能有出路，因此不得不夜以继日地刻苦学习。成绩好的会担心考试时不能正常发挥，成绩差的容易自暴自弃。还有一些男孩虽然很努力，但是因为方法不对，成绩也上不去，更容易产生心理压力。当这些学习的压力和家长的压力无法得到释放的时候，就会让男孩产生逃避心理，

因此离家出走的念头也愈来愈烈。

（2）与父母之间存在分歧，沟通无解

与父母之间在各种问题上存在分歧，并且沟通无解，也是导致青春期男孩离家出走的一个重要原因。当男孩对学习产生厌倦心理，同时在家又得不到父母的理解和安慰的时候，便会对家庭环境也产生厌倦心理，继而萌发离家出走的念头。

（3）青春期男孩自我意识的膨胀

进入青春期后，男孩的自我意识膨胀，渴望独立自由的空间，讨厌父母的约束和管教。再加上情绪时常处于一种不稳定的状态，一旦与父母发生分歧和争执，自我意识和追求自由的心理便会促使其产生离开家庭、离开父母的念头。

青春期男孩离家出走的原因是多方面的，其中最主要的还是叛逆心理以及与父母之间存在沟通障碍。另外还有人际关系紧张、盲目从众心理、逆反心理、厌学情绪等。

专家支着

青春期对于男孩来说是一个十分特殊的时期，是他整合自己内心，协调主客体关系的时期，对于自己离家出走这种消极的念想，更要引起注意。

① 关于学习压力，男孩要学会正确排解

如果是因为学习压力过大而想离家出走的话，男孩子就要学会正确排解，比如适当参加一些文体活动，时常与老师和同学进行沟通，阅读一些轻松、幽默的书籍等，这些都会在一定程度上让男孩的心理得到放松。

② 加强与父母之间的沟通

男孩在平时要主动与父母进行情感上的交流和沟通，把自己内心的想法、烦恼告诉他们，自己的生活、学习、交际等也可以和他们说一说，从心理上拉近与父母之间的距离。在和父母沟通的时候，要注意态度和语气都要真诚。只有这样，才能得到父母的喜欢和理解，双方也才能相互理解，向彼此敞开心扉，沟通的效果也会好很多。与父母之间的分歧消除了，亲子关系和谐了，男孩自然也就不会再想着离家出走。

③ 男孩子自己也要保持理智、冷静的头脑

男孩子要明白，青春期的自己虽然各方面都有所成长，但是并未完全成熟。对待一些事情的认识还是欠缺考虑，因此面对父母的说教和管束，不要不耐烦，而是要保持理智、冷静的头脑去分析和思考，千万不要因为一时的冲动而做出离家出走的决定。

男孩要记住，离家出走这种方式并不能从根本上解决问题，只有静下心来认真分析产生问题的原因，然后加以解决，才能使问题得到合理解决，也才能让自己快乐成长。

小贴士

离家出走的危害有哪些?

青春期男孩离家出走的危害是多方面的，如，耽误自己的学业；容易沾染社会上的不良风气，甚至会误入歧途走上违法之路；让自己的父母、家人以及老师和同学担心，甚至会使他们遭受心理折磨和经济上的损失；给社会增加潜在的不安全因素等。因此，男孩子千万不要冲动选择离家出走。

我就是不想上英语课

总 想 逃 课 怎 么 办

以前就算是自己不喜欢的课，也没想过逃课，可是现在面对自己不喜欢的课，就会有逃课的念头。虽然知道这种想法不好，可逃课的念头总是时不时地在脑海中浮现，真不知道该怎样“消灭”这种不好的念想。

男孩的烦恼

① 我讨厌英语课，想逃课了

亚鹏： 我的英语成绩一直不是很好，现在上初三了，中考的压力让我更加厌恶英语。每次想到英语课，我脑海中都会浮现出“逃课”的念想。甚至今天上午，我差点就采取行动了。唉，真是烦恼啊！

② 学习压力大，好想逃学

子阳： 上了中学之后课程一下子增多了，学习的压力也越来越大，再加上数学成绩不是很好，这一切使我学习的热情骤减，甚至都产生了逃课的念头。我该怎么办呢？又不敢告诉老师和家长。

③ 讨厌死语文课了，一点也不想上

海西： 所有课程中我最讨厌的就是语文了，现在只要想到语文和语文老师我就头大，然后就不想去教室。逃课的念头一直在我脑海中闪现，真拿自己没办法。

科学解析

青春期的男孩之所以会有逃课的念头，主要有以下几个原因：

（1）学习压力大

青春期男孩一般都处于中学阶段，在这段时期，课业负担会大大加重，再加上中考和高考的压力，以及自身生理、心理发展的特点，常常会让他们产生非一般的学习压力。当这些压力无法排解的时候，男孩子便会产生逃课的念头。

（2）消极情绪体验

比如因为一次重要的考试失误，让男孩子产生了自卑心理，或者失去了对学习的希望，继而产生厌学情绪。这种消极的情绪体验让男孩子无法对学习产生兴趣，继而便想逃课。

（3）学习基础差，对某门课程不感兴趣

有的男孩偏科比较严重，比如数学成绩好，但是语文和英语成绩则很差。如果偏科不能得到很好地解决的话，男孩很容易就会对自己所不擅长的课程产生厌恶情绪。因为基础差，所以不感兴趣，时间长了，也会产生逃避这门课程的想法。

另外，学习目的功利化或者不明确，抗挫能力差等也是导致青春期男孩产生厌学情绪和逃课想法的原因。不管是哪一种原因引起的，都会对男孩的学习和成长产生消极的影响，应当引起注意。

专家支着

逃课是一种消极的学习态度，对于这种念想，男孩可以通过以下几种方法去纠正。

① 积极培养对学习的兴趣

"兴趣是最好的老师。"无论做什么事情，一旦产生兴趣就能做得很好，学习也是一样。所以，男孩应当积极培养对学习的兴趣。在学习的过程中，多和老师、同学讨论；对于一些实验性的课程自己不妨亲手做一做；多把书本知识和现实生活联系起来……通过各种方法培养自己对学习的兴趣和热爱，逃学的念头也就不复存在。

② 对于自己不擅长的科目，要多花时间和精力

如果是因为对某一门课程不擅长而产生厌学情绪，则一定要在这门课程上多花费一些时间和精力，多向老师和同学请教。并且，男孩一定要相信自己可以学好这门课程。这样，当抱着积极的态度去学习的时候，就能够发现其中的乐趣，即使自己不擅长，也一定能够专心学进去，进而学习成绩也会有所提高，从而也就不会再想着逃课了。

③ 多进行一些积极的自我暗示

当产生逃课的念想时，男孩应该进行积极的自我暗示，如"不能逃课，必须认真听课""只要我认真听，一定能够听懂"等。这样，在积极的自我暗示中，男孩学习的责任心就会被调动起来，逃学的念想也会被抛在脑后。

另外，学会正确的解压方式，如运动、看一些搞笑电影等，也能够在一定程度上帮助男孩“消灭”逃课的念想。

小贴士

因不喜欢某位任课老师而想逃课怎么办?

有些男孩会因为不喜欢某位任课老师而产生逃课念头，对此要提醒男孩子，学习是在为自己学，并且也是一件很严肃的事情。如果因为不喜欢任课老师，而放弃学习这门课程的话，最后只会耽误自己的学业。因此，男孩一定要理性看待，并且要学着去接受和欣赏任课老师的授课方式，以让自己能够更好地学习这门课程。

第九章

禁区

我只是很好奇

吸烟、喝酒、网游、黄色书刊……这些都对青春期男孩充满了诱惑，但是这些诱惑对于青春期的男孩来说，却属于禁区。面对禁区的好奇与诱惑，男孩子的自我控制能力和抵制诱惑的能力都较差。因此，男孩也就更有必要去认清楚这些禁区对自己的不利影响，同时也学会如何更好地保护自己。

口吐烟圈真潇洒

迷上了抽烟怎么办

看着大人吞云吐雾，真是非常潇洒，这也让我们非常羡慕，于是也忍不住学着大人的模样抽起了香烟。刚开始只是好奇，可是现在似乎真的迷上了抽烟，牙齿也有变黄的迹象。但听说戒烟很难，那我们该怎么办呢？

男孩的烦恼

① 因为吸烟，我的零用钱都不够用了

李楠：我吸烟有半年了，刚开始只是出于好奇，可后来烟瘾越来越大，现在基本上两三天一包烟，而且还是偷偷地抽。我的零用钱也全用在了买烟上，现在都有些不够了。我想戒烟，可是不知怎么戒。

② 我知道吸烟不好，可是……

晨晨：我第一次吸烟是在同学的怂恿之下吸的，后来就一发不可收拾，基本上天天都要抽上一两根。我知道抽烟对身体不好，可还是忍不住想抽。看来，这玩意儿是真的不能“招惹”啊！

③ 潇洒的代价就是我的牙齿越来越黄

小姚：刚开始看别人吸烟吐烟圈特别潇洒，于是自己也忍不住开始学抽烟，当然只能偷偷地抽。虽然自己感觉很潇洒，可这潇洒的代价就是发现自己的牙齿越来越黄，迷上抽烟的我该怎么办呢？

科学解析

进入青春期后，男孩的叛逆心理会越来越重，加上分辨是非能力不强，觉得吸烟是

一件很潇洒、很有男子汉气概的事情。殊不知，吸烟对于青春期男孩的身体健康有着极大的危害：

（1）经常吸烟会损害大脑，影响智力

烟草燃烧后产生的烟雾中有400多种致癌物质，其中就包括对人体危害最大的烟碱、焦油、一氧化碳等。处于青春期的男孩，身体正在生长和发育，因此更容易受到这些有害物质的影响。烟雾中的一氧化碳进入人体内便与血红蛋白结合，会严重削弱红细胞的携氧能力，使血液凝结加快，极易引起心肌梗死、中风、心肌缺氧等心血管疾病。并且吸烟过多的话，就会感到精力不集中，出现头痛、头昏现象。时间长了，大脑就会受到损害，思维变得迟钝，记忆力减退，严重影响男孩子的学习和生活。

（2）对男孩子的视力造成不可恢复的伤害

吸烟时，人体吸入的氧气会被消耗，致使血中氧的含量下降，而视网膜对氧又格外地敏感。时间长了，视神经纤维会发生变性，视网膜乳头黄斑区也会发生萎缩，这样必然会导致男孩子的视力下降，严重者还会发生弱视。

（3）其他危害

吸烟也是其他许多疾病的诱因，尤其是呼吸系统的疾病。比如，可以诱发支气管炎、肺癌等，还会导致冠心病、高血压、肺气肿等各种严重影响身心健康的疾病。

总之，吸烟对青春期男孩身体健康造成的危害不容忽视。

专家支着

那么，对于迷上吸烟的男孩又该如何戒掉呢？可以试试以下办法。

① 树立戒烟的决心

只要有决心，戒烟并不是一件很难的事情。因此对于已经迷上香烟的男孩，首先要树立戒烟的决心，不妨请周围的人对自己进行监督。在家里，可以让父母监督；在学校，可以让同学监督。虽然刚开始的时候可能比较难受，但是只要咬咬牙坚持下来，烟也就能戒掉。

② 和周围的同学一起戒烟

如果你周围的同学或者朋友中也有吸烟的，那么不妨和他们约定一起戒烟，一起打造一个无烟的环境。正所谓“众人拾柴火焰高”，几个人一起戒烟，比一比谁先更快地把烟戒掉，同时互相鼓励，互相监督，戒烟也就会变得很容易。

③ 转移注意力，想吸烟的时候做一些其他有意义的事情

事实证明，转移注意力对于戒烟也是非常有效的一个方法。当想吸烟的时候，男孩子不妨立即做一些其他有意义的事情，如运动、学习、阅读等。当沉浸在这些事情中的时候，自然也就不会再想着吸烟了。

除了这几个方法之外，还有很多戒烟的方法，男孩子不妨多学习和研究，相信也一定能把吸烟的习惯改掉。

小贴士

听说二手烟对人体健康的危害同样不小，真的吗？

在拒绝吸烟的同时，男孩子们也一定不能忘记二手烟对健康的危害。要知道，被动吸烟所吸入的有害物质浓度并不比吸烟时所吸入的浓度低。比如二手烟的冷烟中，烟焦油的含量比二手烟的热烟雾中的烟焦油含量要多得多。所以，男孩子不仅自己要拒绝吸烟，同时也要拒绝被“吸烟”。

喝醉了会怎样

想尝试酒精麻醉的感觉怎么办

白酒、啤酒、红酒……各种酒真是琳琅满目，现在长大了，同学聚会的时候，难免

都要喝上几杯。尤其是听到别人说酒能消愁的时候，更是对酒精麻醉的感觉感到好奇，甚至想尝试。虽然知道这种想法不好，可还是会忍不住想尝试，怎么办？

男孩的烦恼

① 酒真的能解愁吗

李想：不管是在电视上，还是在现实生活中，那些心中有烦恼的人似乎都喜欢通过喝酒来麻醉自己。这让我不由得开始好奇：酒真的能解愁吗？甚至现在，每当我有烦恼的时候，也会忍不住想用酒精来麻醉自己。

② 我想尝试一下喝醉的感觉到底怎么样

程天：看到不同的人喝醉后有的呼呼睡去，有的大声哭泣，有的话语骤然变多……这让我觉得很好玩，我也想知道自己喝醉后会有什么表现，也想体验一下喝醉到底是什么感觉，这种欲望越来越强烈，怎么办呢？

③ 喝醉酒对身体有哪些危害呢

壮壮：我知道喝醉酒对人的身体健康不好，可是既然如此为什么还有很多人迷恋喝酒呢？这让我也对醉酒产生了好奇和兴趣，喝醉酒对身体到底有哪些危害呢？

科学解析

面对酒，青春期的男孩总是充满了好奇，尤其是对于醉酒，更是想体验酒精麻醉的感觉。其实，酒和烟一样对人的身体健康有极大的危害，对于酒，男孩也应当做如下认识：

（1）酒中并不含什么营养物质

白酒的主要成分是酒精，不含营养物质。酒精进入人体内主要由肝脏进行分解，最终的代谢产物为二氧化碳和水，对机体也不能提供任何的营养成分。

（2）长期饮酒的危害

长期饮酒会导致血压升高、消化不良、胃肠道慢性炎症、酒精性心肌病，甚至会导致消化系统癌症。经常喝酒，酒精在体内也会大量聚积，也可能导致脂肪性肝硬化，损害神经系统，引起大脑功能失调、智力减退、思维涣散等，对青春期男孩的学习、健康和生长发育有百害而无一利。

（3）一次过量饮酒的危害

一次过量饮酒，即醉酒，对肝、肾会造成损害，并影响细胞的代谢。青春期男孩的肝脏发育都还没有完全成熟，对酒精的代谢能力很低，醉酒只会严重损害身体健康。要知道，这个阶段的男孩正处于生长发育的阶段，各脏器功能还不是很完善，所以饮酒对身体机能的损害也尤为严重。

另外，人在喝醉酒的时候对自己行为的自控能力也会降低，很可能会做出一些违法犯罪的事情，如打架斗殴等。

专家支着

不管是喝酒还是醉酒，对青春期男孩的身体健康都危害极大，因此对于酒，男孩子应当予以拒绝，为此要努力做到以下几点。

① 养成良好的生活习惯

很多青春期男孩之所以会染上喝酒的恶习，主要是因为生活习惯不好，因此男孩一定要注意养成良好的生活习惯。不管是朋友过生日的时候，还是在其他一些场合，一定要做到不喝酒。这不是不给别人面子，而是珍惜自己身体健康。

② 对于酒的诱惑要予以拒绝

青春期的男孩比较冲动，尤其是在面对诱惑的时候，时常会因为一时的冲动而接受。这就需要提醒各位男孩子，一定要经得起酒的诱惑。尤其是在看到别人喝酒的时候，不要被他们喝酒时所谓的潇洒和享受所迷惑，要坚持自己绝不喝酒的原则。

③ 提高自己的自控能力

有些青春期的男孩子之所以喝酒，很大一部分原因是将能喝酒与做事能力强画上了等号，觉得喝酒是自己长大成熟的表现之一。其实，这种想法恰恰是男孩子思想不够成熟的表现。在这一时期，男孩子最主要的是提高自己的自控能力，对于酒精能够做到不为所动。

总之，喝酒和吸烟一样，对男孩的健康成长和发育会起到消极的阻碍作用，因此应当引起注意。

小贴士

白酒不能喝，那啤酒呢？

有男孩可能认为啤酒是“液体面包”，多喝点儿没事。其实不然，1升啤酒的酒精含量相当于1两多白酒的酒精含量，同样对正在发育的青春期男孩的身体健康会产生危害，尤其是对肝脏和前列腺以及阴茎的正常发育有很大影响。可以少量饮用，但一定注意不要过量。

毒品会是什么滋味呢

怎样抵制毒品的诱惑呢

很多人把毒品说得神乎其神，尤其是说吸完之后会产生非常美妙的感觉，甚至会感觉自己身轻如燕。这让我们非常好奇，毒品真的有那么“神奇”的功效吗？那种感觉又到底有多么美妙呢？真的好想知道啊！

男孩的烦恼

① 听说吸毒的感觉特爽，是真的吗

八一： *以前常听说要远离毒品，可是现在又听说吸毒的感觉特别爽，能让人忘记一*

切烦恼和忧愁，并且还会有一种升天的飘飘然的感觉，这是真的吗？

②真恐怖，我差点就吸毒了

常卿：昨天跟着同学到他一个朋友家里玩耍，他朋友拿出一些白色粉末状的东西让我们吸。我问他是什么，他只说我吸了就知道了，感觉很奇妙的。出于安全，我拒绝了。后来才知道那是毒品，真没想到毒品的诱惑就在自己身边，太恐怖了。

③我们该如何抵制毒品的诱惑呢

杨西：前几天看了个戒毒的宣传片，觉得毒品真是太恐怖了。可是对于我们这些青春期的男孩来说，有时候稀里糊涂可能就沾上了，我们又该如何去抵制毒品的诱惑呢？

科学解析

关于毒品，想必每个男孩子都听过。但是对于毒品的一些知识，或许男孩子们并不是完全了解。想要抵制毒品的诱惑，就先要对毒品有所了解和认识：

（1）毒品以及吸毒的危害

毒品是指鸦片、海洛因、吗啡、大麻、可卡因以及国家规定管制的其他能够使人形成瘾癖的麻醉药品和精神药品。吸毒严重危害人的身心健康，如加速死亡，扭曲人格，自毁前程，引发自残、自杀等行为，容易感染艾滋病等传染性疾病等。

（2）青春期的心理特点容易让男孩沾染毒品

对于青春期男孩来说，由于自身的年龄以及心理特点，往往很容易受到毒品的诱惑。这一时期的男孩子，一方面自我意识变得很强，渴望独立与自由，摆脱家长或者学校的束缚；另一方面又对社会缺乏足够的认识，辨别是非险恶的能力也相对较低，再加上自控能力比较弱，因此在受到社会上一些负面因素影响时，很可能会把持不住自己。尤其是这一时期好奇心的驱使，更是容易让青春期的男孩染上毒品。

（3）交友不慎易导致男孩沾染毒品

交友不慎也是一些青春期男孩沾染上毒品的原因，处于青春期的男孩社会经验不丰富，因此也更容易受到周围人的影响，对于冒险刺激的行为更喜欢效仿和尝试。比如看到别人吸食自己就觉得很好玩，于是也忍不住想要尝试。或者觉得别人吸，自己不吸显得自己不合群。这样的结果就是一发不可收拾，甚至把自己的生命和青春搭进去。

和烟酒相比，毒品更是青春期男孩成长道路上的“恶魔”，男孩对于毒品应该坚决予以抵制。

专家支着

珍爱生命，远离毒品。为了自己的健康发育和成长，男孩子要努力做到以下几点。

① 克制对毒品的好奇心

青春期的男孩好奇心比较强，但是对于毒品，一定要克制自己的好奇心。根据调查，大多数吸毒的青春期男孩多数是因为好奇心染上毒品的，因此对于毒品，男孩子不要有任何的好奇心。

② 学会正确释放压力

青春期男孩沾染毒品的另外一个原因就是不会正确排解自己的压力。青春期是男孩子心理和生理急速发展的时期，在这一时期极易产生叛逆、空虚等心理，再加上学习的压力，因此很容易情绪消沉。为了排解心中的压力，可能会沾染毒品。对此，要提醒各位男孩子，释放压力的方法有很多，比如运动，比如和周围的人聊天或者写日记，但是千万不能去沾染毒品。

③ 谨慎交友，远离不健康的娱乐场所

青春期的男孩要谨慎交友，尤其不要结交社会上的不良青年，以免被这些品质不好的人带上吸毒之路，要多和身边熟悉的优秀同学、邻居交朋友。并且男孩子还要注意远离那些不健康的娱乐场所，如歌厅、迪厅、舞厅等，因为混迹这些场所的人比较杂乱，环境更会让人晕眩，因此也是吸毒活动的猖獗之地。

另外，克服自己的叛逆心、虚荣心，多和父母、老师沟通等也有助于青春期男孩的身心健康发展，从而也就能避免受到毒品的诱惑。

小贴士

吸毒者算不算病人呢?

吸毒者属于社会中的一类特殊群体，他们既是违法者，同时也是受害者。从医学的角度看，他们也是病人。因此，吸毒者具有双重身份。对于吸毒者，男孩子要正确对待，既不要因为其违法吸毒而歧视他们，同时又要区别于一般的病人。

宿舍里的人打牌开始赌钱了

这 算 是 赌 博 吗

以前提起赌博，第一反应就是电影中那些在赌场中玩麻将的人，并且赌博的金额很大。可是现在宿舍里的哥们儿在休闲打牌的时候也开始赌钱了，只是金额不大，也就几块钱，甚至几毛钱，我们想知道这算不算赌博呢?

男孩的烦恼

① 宿舍的哥们儿一打牌就赌钱，这合适吗

阿杰：我读的是寄宿制学校，最近中午休息的时候，宿舍的几个哥们儿偶尔会玩扑克牌，并且每次玩的时候会赌钱，虽然只是一块两块的，可毕竟也是赌钱，我该不该劝劝他们不要这么做了呢?

② 不只打牌赌钱，只要打赌他们就要赌钱

海晨：最近不知是怎么了，班里的男孩子中间兴起赌了，不只是打牌的时候赌钱，看球赛的时候，也会分成两个“阵营”打赌。最后输的一方要给赢的一方一定金额的钱

财，这算不算是赌博呢？

③ 他们好像迷上赌博了，怎么办

龙海：真受不了宿舍的那帮哥们儿，最近着迷似的打牌赌钱。有时候因为几毛钱，也吵得不可开交，甚至有一次还差点动手。我就纳闷，至于那么斤斤计较吗？不过我最担心的是他们好像迷上赌博了，该怎么办呢？

科学解析

赌博是一种比赛输赢的游戏行为，无论是麻将、扑克还是其他赌博方法，都充满着竞争性。对于青春期的男孩来说，赌博的动机一般有以下几种：

（1）逃避和消遣的需要

青春期的男孩学习压力较大，再加上有的缺乏高尚的情操，在放松或者空闲的时候会感到特别无聊，而赌博又是一种相对刺激的活动，因此为了逃避压力或者消遣会参与到其中。

（2）寻求精神的刺激

对于青春期的男孩子们来说，赌博不仅是一种物质的刺激，更是一种精神的刺激。在赌博的过程中，尤其是赌赢的时候，常常会让男孩子产生一种成就感，这种感觉会带给他们超一般的刺激，从而导致男孩子沉迷其中。

（3）好奇心和竞争心的驱使

处于青春期的男孩好奇心都比较强，再加上这一时期不服输的性格比较明显，因此在这两种因素的综合作用下，会让男孩将目光转向赌博这种消极的娱乐活动。

除了上述因素之外，影视剧中赌博情节的影响也会导致男孩子模仿，继而沾染上赌博的恶习。

专家支着

赌博是一种低级趣味的娱乐休闲活动，青春期男孩意志力相对薄弱，因此很容易着迷，对其身心健康、正常的学习和生活都会产生消极的影响与阻碍。为了避免沾染上这种不良行为习惯，男孩子应当从以下几个方面做起。

① 树立正确的金钱观

赌博一般都是赌钱，有些男孩觉得赌博能给自己带来更多的“经济利益”，因此为了让自己的零用钱变多，便开始赌博。对此，男孩子应当树立起正确的金钱观，要知道，赌博而得来的金钱并非是真正意义上的劳动所得。并且这一时期，自己的花费都来自于父母，所以更应该珍惜，而不是将这钱用在赌博上。

② 培养自己积极的兴趣

课余时间，男孩要积极培养自己高尚的道德情操以及有利于身心健康发展的兴趣爱好，多参加一些有意义的文体活动。在这过程中，不仅能陶冶自己的情操，同时也有助于放松身心，为接下来更好地学习和生活奠定精神基础。

③ 对于他人邀请自己赌博，要敢于说不

有些男孩子之所以会迷上赌博，是因为他人的邀请。比如别人在玩的时候，邀请自己，因为不好意思拒绝，所以只能参与其中，结果到最后却不能自拔。因此，为了自己能远离赌博的恶习，当有人邀请自己用这种方式放松的时候，一定要予以拒绝，要敢于说不，同时也要劝说对方放弃这种消极的活动方式。

做到以上几点，相信男孩子也就能远离赌博这种低级趣味的休闲娱乐方式。

小贴士

任何形式的“赌”都不要参与

赌博的形式多种多样，除了麻将、纸牌之外，还有一些新型的赌博方式，如老虎机。赌博的赌注除了金钱之外，还有其他形式的如物品、精神上的等。不管是哪一种赌博方式，也不管是何种赌注，都可视为赌博。对于这些，男孩子都要予以拒绝。

竟然被打了，要不要打回去

遭遇校园暴力怎么办

从来都没想过欺负别人，可是没想到自己却被欺负，并且还是校园暴力。这让我们心里很纠结，被打了不打回去显得自己很窝囊，打回去吧又害怕引起更大的波澜，真是让人头疼死了啊！

男孩的烦恼

① 他们说若是我告诉老师，就剁掉我的手指

陈飞：我是个性格沉稳的男孩，因为平时安静的原因，竟然被隔壁班的一个男生认为我懦弱。上周他们随便找了个理由就把我揍了一顿，还威胁我不能告诉老师，否则就剁掉我的手指。这让我心里很不安，我该怎么办呢？

② 我想叫一帮人打回去

伟刚：郁闷，在学校居然被一帮同年级的人打了一顿，理由是没理由，就是看我不顺眼。这让我一个男生情何以堪，我准备叫一帮人打回去，给他们点颜色瞧瞧。可是又害怕这样把事情闹大，到底该怎么办呢？

③ 对方勒索我，还威胁我

毛毛：因为我家里条件比较好，最近被高年级的几个男孩盯上，不仅勒索我的钱财，还威胁我说如果敢告诉老师和家长，就别想继续在校园里待了。他们每周都跟我要50元，我的零用钱都被他们要去了，可是我却不敢告诉父母和老师……

科学解析

青春期是男孩子成长发育的关键时期，同时也是“多事”时期，其中就包括可能遭

遇校园暴力这一情况。想要正确应对，首先就需要对校园暴力有一个认识：

（1）何谓校园暴力

校园暴力行为一般都是高年级的学生或者社会上的不良青年对一些低年级的学生进行要挟和逼迫，以达到勒索钱财或者发泄不满情绪的目的。一些年龄相对小一点的青春期男孩自我保护能力比较弱，或者无意中得罪了哪些人的话，就很容易成为他们施行校园暴力的对象和目标。

（2）校园暴力对男孩的消极影响

遭遇校园暴力，被对方敲诈勒索，不仅会使男孩子的财物受到损失，同时也会给其身心带来一定的消极影响，导致男孩子无法静下心来学习，对学习成绩产生影响。甚至，有些校园暴力还会对男孩的心理造成阴影，严重的会使其在长期的恐惧和不安中患上一些心理疾病。

（3）校园暴力的具体表现

除了勒索、打架、斗殴等现象之外，谩骂、造谣、诽谤、挑拨离间等行为也属于校园暴力的范畴。这些都会给男孩子造成一种不良暗示，即邪恶比正义更有力量，武力比智力更有价值。经常遭受校园暴力的男孩子，健康状况和学习都会受到影响，甚至还会发生一系列的悲剧。

总之，校园暴力的存在，只会给男孩子的成长蒙上一层阴影，严重影响青春期男孩的身心健康和正常学习、生活。

专家支着

校园暴力是青春期男孩健康快乐成长道路上的“拦路虎”，面对这只“拦路虎”，男孩子要勇敢面对，而不是选择逃避。

① 不要害怕，沉着冷静应对

当遭遇校园暴力的时候，一定要沉着冷静，尤其不能表现出很害怕的样子，否则只会助长对方的嚣张气焰。不妨大声提醒对方，他们的行为是违法的，也会为此付出相应的代价。如果可以的话，要立即找到电话报警，或者大声呼喊请求周围人的帮助。

② 要及时告诉老师和家长

有些男孩子被对方威胁之后，会因为担心和害怕选择沉默。要知道，这样只会使施暴者更加有恃无恐、肆无忌惮。在遭遇校园暴力之后，一定要立刻告诉老师或家长，相信他们会采取适当的方式制止这类事情的再次发生，千万不要因为对方的威胁和恐吓而选择闷在心里不说。

③ 要勇于举报校园暴力事件

不只是自己，如果发现其他同学遭受校园暴力，也要及时向老师举报。这样一方面是为了打击施暴者，另一方面也是为了保护自己将来免受校园暴力的危害。

总之，对于校园暴力，青春期的男孩绝不能妥协，而是要敢于同不良行为巧作斗争。

小贴士

与校园暴力作斗争要讲究策略

与施行校园暴力的恶势力作斗争无可厚非，但是一定要讲究策略，要学会具体情况具体分析，特别是要尽可能避免正面的直接冲突和搏斗，以免引起不必要的伤亡。比如可以牢记对方的相貌特征，以便事后协助学校、家长或者警方及时将对方抓获。

网络游戏太精彩了

如何才能戒掉“网瘾”

随着网络信息技术的发展，现在的网络游戏更是越来越精彩了，随便一个网络游戏都会让我们沉溺其中。虽然我们也知道长时间沉溺其中不是一件好事，可是对于网络游戏的诱惑却无力抵抗，怎么才能戒掉“网瘾”呢？

男孩的烦恼

① 一不小心就陷进了网络游戏世界中

文涛：刚开始只是抱着好奇的心理玩网游的，可是这东西就跟毒品似的，一玩就上瘾了。并且只有在玩网游的时候，我才有精神，一旦离开游戏，就觉得很失落。现在上课时我都想着游戏，怎么办呢？

② 因为沉迷网络游戏，我的成绩直线下滑

姜勇：以前我的学习成绩特别好，自从今年暑假迷上网络游戏之后，我的成绩就呈直线下滑趋势了。眼看着明年就要升初三了，如果这“网瘾”戒不掉的话，我的重点高中梦不就化为泡影了吗？谁能帮帮我啊！

③ 该死的“网瘾”，我该如何远离你

陈童：看别人玩游戏很来劲儿，于是我也玩了起来。这一玩不要紧，立即就上瘾了。每天花在玩游戏上的时间最少两个小时，有时候晚上趁父母睡觉时，我还偷偷溜到书房去玩。我知道这样下去的后果，可是总是控制不住自己，唉！

科学解析

网络信息丰富并且新颖、方便、快捷，娱乐性也很强，这些特点很容易使人们将注意力长时间集中到网络上。青春期的男孩子自我控制能力差，再加上网络游戏的刺激，因此也很容易沉溺其中。这对青春期男孩的健康成长极为不利：

（1）影响学习成绩

长期沉溺于网络游戏，会使男孩子无心学习，无论是上课的时候还是写作业的时候，脑海中总是会浮现网络游戏中的虚拟情景，继而导致成绩下降，产生厌学情绪，并会形成恶性循环。

(2)影响身心健康

迷恋网游的人长期处于一种封闭状态的虚拟世界里，缺乏与人沟通的能力，也不能

真正面对现实世界，会变得孤僻、脆弱和冷漠，并且网络游戏中的不良信息也会让男孩子产生暴力、破坏力等不良倾向。在玩游戏的时候，男孩子往往只吃面包、泡面等没营养的食物，甚至不睡觉、不吃饭，长久下去必然对身心健康产生消极作用。

（3）可能引发违法犯罪

一旦迷上网络游戏，必定会花费大量时间。当在家里玩游戏受到父母的阻止之后，男孩就会去网吧玩，而这就需要钱。为了上网，男孩极有可能铤而走险去偷窃和抢劫，走上违法犯罪之路，成为社会上新的潜在的不安定因素。

专家支着

那么，男孩子如何戒掉“网瘾”呢？可以从以下几个方面着手。

① 循序渐进戒掉“网瘾”

对于“网瘾”，男孩子不要急于戒掉，因为凡事都需要一个过程。不妨遵循“只减不加”的原则，在减的过程中难免会有反复现象，这时一定要克服自己的惰性。可以先适当缩小减的幅度，或者找一种更为健康的活动来弥补游戏的空缺，循序渐进地戒掉“网瘾”。

② 学会充分利用网络资源

比如可以在网络上下载一些与学习相关的文章和资料，可以学习一些网络课程。男孩子要告诉自己，除了游戏，网络还有其他很多有意义的用途，告诫自己要充分利用网络积极的一面，并学会充分利用这些网络资源促进自己的学习。

③ 将玩游戏的聪明劲儿转移到其他有意义的事情上

一般来说，喜欢玩网络游戏的男孩不仅聪明，而且动手能力往往也很强。对于这个特点，男孩子不妨转移自己对网游的注意力，将玩游戏时的聪明劲儿转移到其他有意义的事情上，比如搞一些科学实验活动或者手工制作，在发挥自己特长的同时，把求知欲和好奇心逐渐转移到健康的轨道上来。

当然，戒掉“网瘾”的方法还有很多，只要男孩子们有恒心，有决心，有毅力，就一定能够打败“网瘾”这只“拦路虎”。

小贴士

“网瘾”的症状有哪些？

情绪上表现为注意力下降，记忆力减退，上网时呈现极度兴奋状态，还伴有厌食、头痛、失眠等现象；行为上则表现出攻击性强，对学习产生厌倦情绪；每天上网的时间长达4个小时以上，即使不上网的时候，脑海中也经常浮现网络上的图像或者玩游戏时拼杀的场景。对此，青春期的男孩一定要提高警惕。

网友约我见面了

该和网友见面吗

随着互联网的发展，网络也成为我们交友的一个重要平台。不管是QQ，还是微信，都可以让我们更加方便、随性地与他人进行交流和沟通。但是对于网络上的朋友，即网友约我们见面这件事情，我们又该如何对待呢？

男孩的烦恼

① 纠结，我该赴约吗

宏远：我在网上有一个特别谈得来的网友，是个女孩，我们每周都会聊2个小时天。她比我大2岁，我们正好也在一个城市。前几天她约我见面，但是我却有些担忧，可又不好意思拒绝，真是纠结啊！

② 我很想和她见面，可是又害怕发生什么危险

小博：一位谈得来的QQ好友约我暑假见面，说实话，我挺好奇她真实的人是怎样的，也很想和她见面。可是也常听到网友见面发生危险的报道，这让我有些害怕。唉，到底该不该和她见面呢？

③ 见，还是不见？真让人头疼

火旺：都说网络上的朋友不靠谱儿，可是我感觉我这位网友为人很真诚，我们聊天也从来没聊让彼此不舒服的话题，大多都是谈论学习、生活和兴趣爱好。可是即使如此，我还是有些犹豫要不要和她见面。这事真让我头疼。

科学解析

随着网络技术的发展，青春期男孩网上交往范围也越来越大，尤其是对一些谈得来的网友，免不了会对对方产生好奇心，想知道对方的真人是怎样的。但是对于网友见面这样的事情，男孩子还是要小心谨慎为妙。

（1）网络情景的虚拟性

网络是一个虚拟的世界，在这个虚拟的世界里，几乎没有不可虚拟的事情。网友也是一样，因为你并不能看到对方的真人，因此就算对方提供虚假的身份信息你也不会知道。并且还有一些人会专门通过网络交友的方式，去从事违法犯罪活动。

（2）不确定性导致网友见面具有一定危险性

当然，并不是网上的朋友都是坏人，不排除也有一些的确真诚善良、谈得来的朋友。但是毕竟网络能够很好地隐藏一个人的身份，因此也就具有很大的不确定性。并且在现实生活中，想要了解一个朋友，还需要足够的时间，网络上更是如此。所以，网络的不确定性导致网友见面具有一定的危险性。

青春期男孩好奇心都很强，再加上一时冲动，很可能会赴对方的约会。对此，一定要小心谨慎为妙。

专家支着

那么对于网友约自己见面，男孩子又该如何去应对呢？

① 三思而后行，不要轻易就答应对方

当对方提出见面时，男孩子千万不要轻易就答应对方，而是要三思而后行。根据自己平时与对方在网上的接触，综合分析有没有必要和对方见面。如果觉得没必要，只是聊天的对象，那么不妨直接拒绝，或者委婉一点。

② 如果见面，一定要有人陪同

很多男孩子觉得女孩和男网友见面比较危险，而自己是男孩子，就算有什么自己也不会吃亏。对此，要提醒各位男孩子，这种想法是错误的。为了自己的安全，就算决定和对方见面，也一定要有人陪同，或者家长，或者同学、朋友，千万不要自己“单刀赴会”。

③ 见面的话，最好选择在公共场所

俗话说“害人之心不可有，防人之心不可无”，就算觉得和对方是非常谈得来、非常了解的朋友，但是毕竟不是现实生活中的朋友。因此见面的话，最好是选择在人多的公共场所，比如大商场、麦当劳等快餐店这样的地方。如果对方要求见面的地点很隐蔽，则要引起注意，或者直接拒绝。

总之，与网友见面应该是一件非常谨慎的事情，如果没有必要，男孩子最好不要随便和网友见面。

小贴士

最好还是多结交现实生活中的知心好友

虽然网上交友的一个好处就是没有压力，不用担心对方出卖自己，因为对方根本不知道自己的身份。但还是要提醒各位男孩子，最好还是多结交现实生活中的知心好友，因为彼此知根知底，所以相对也就更安全一些。而对于网友，更不要轻易将自己的真实身份、家庭住址、联系方式等信息透露给对方，以免引起不必要的麻烦。

那些内容真吸引人

迷上看黄书、黄色录像怎么办

早就听说过那些黄书、黄色录像很吸引人，以前觉得自己还小，不敢看，现在进入青春期了，也算长大了，忍不住偷偷看了。结果却发现自己很迷恋那些内容，虽然知道看这种东西对身心健康不利，可是我们该怎么办呢？

男孩的烦恼

① 我迷上了看黄书，好丢脸啊

刘明：前段时间无意之中从同学家里翻着了一本情色杂志，出于好奇，我瞟了两眼，可是很快就发现自己迷上了。结果从那以后，我就总想着看那样的书，还偷偷地去地摊上买。我觉得自己真丢脸，居然迷上这种不健康的书刊。

② 脑海里总是浮现书里和录像里的内容，怎么办

丁磊：自从看了几次黄色录像和黄色书籍之后，我的脑海中总是时不时地浮现里边的情色内容。我是家长和老师眼中的好孩子、好学生，居然迷上了这么淫秽的东西，我心里痛苦死了！真害怕会被他们发现。

③ 我也不想再看那种书籍、录像，可是总是忍不住去看

萝卜：我迷上那种黄色书籍和黄色录像已经有一段时间了，自从迷上之后，学习成绩直线下滑，精神也很恍惚，总是忍不住胡思乱想。这样下去，估计我就没救了。我也想着“戒”掉，可是又管不住自己，唉！

科学解析

青春期性意识的觉醒，会让男孩子对性产生好奇。加上现在黄色刊物和黄色录像比

较多，以及网络的发展，男孩子很容易就能接触到这些，因此也很容易着迷。但是，它对男孩子的身心健康却有着极大的危害。

（1）腐蚀男孩子的心灵

黄色录像、书刊都属于淫秽制品，内容粗制滥造、下流无比，青春期的男孩子在看了之后极容易受到消极影响，比如会追求低级的感官感受，精神恍惚，无心学习，严重危害男孩子的心理健康。

（2）影响男孩子的正常学习和生活

青春期男孩子的自制能力比较差，分辨是非的能力也不强，因此在接触过黄色书籍和黄色录像之后，很容易沉迷其中。时间长了，必然导致其无心学习，内心焦躁不安。甚至在上课的时候，脑海中也会浮现书中或者录像中的场景，导致学习成绩下降，甚至荒废学业，严重影响男孩子正常的学习和生活。

（3）可能诱发男孩子走上违法犯罪之路

黄色书籍和黄色录像中的内容会严重刺激青春期男孩子的身心，再加上男孩子对性的好奇，极有可能模仿里边的一些内容，做出一些违法犯罪之事，扰乱社会秩序，败坏社会风气，同时也会对他人造成极大的危害。

总之，黄色书刊、黄色录像等淫秽制品严重腐蚀青春期男孩的身心健康，对此男孩应该远离和抵制。

专家支着

那么男孩子在平时又该如何去对待黄色书籍、黄色录像呢？

① 健康上网，不浏览不健康的网页

网络已经成为传播淫秽内容的一个主要途径，男孩子在平时上网的时候一定要学会健康上网，在查找资料的时候要小心，对于一些弹出来的看似不健康的窗口要立即关闭。如果不小心点开了，也要立即关闭。

② 在选择图书的时候要注意鉴别

比如要知道哪些书是可以读的，哪些书是不可以读的。对于不可以读的书，一定不要读。还有不管是朋友还是谁，如果向自己“推荐”带有黄色淫秽内容的书籍、录像，也要做到不为所动，直接拒绝。只有学会鉴别哪些是健康的，哪些是不健康的，才能更好地避免接触那些不良的黄色刊物和黄色录像。

③ 如果对性知识有疑问，要通过正确方式答疑

比如可以向家长咨询，在向家长咨询的时候，要做到诚恳大方，不要害羞。另外，一般学校也都开设了生理卫生课，也可以通过这种方式对性有一个更为客观、正确的理解和认识。当男孩子能够正确理解和认识性的知识后，也就不会再对那种内容感到好奇了。

另外，多看一些积极向上的书籍，广泛培养自己的兴趣爱好，多参加一些积极的集体活动也能转移男孩子对黄色书刊和录像的注意力。

小贴士

黄色录像和黄色书刊并非了解性知识的正确途径

有的男孩可能觉得看黄色书籍和黄色录像也是一种了解性知识的途径，其实不然。黄色录像中，不仅有大量的男女裸露镜头，同时也充斥着淫秽语言，这对于青春期男孩来说就像荼毒身心的精神鸦片，很容易沉迷其中。所以，黄色录像和黄色书刊并非是了解性知识的正确途径，这一点，男孩子要牢记。

第十章

父母 他们管得可真宽

很多进入青春期的男孩都会发出这种感慨：父母管得可真宽！翻看日记，规定回家时间，没完没了的唠叨，盘问与异性的关系……父母的这些“关心”让男孩感到厌烦与无奈。对此，男孩该如何与父母沟通呢？这一章将对这些问题展开讨论，指导男孩更好地与父母沟通和相处。

又翻我日记了，讨厌

妈妈总偷看我日记怎么办

青春期的我们长大了，也有了自己的一些小秘密，这些小秘密不愿意跟人讲，只能写进日记本里。可父母竟然总是偷看我们的日记，而且美其名曰“关心我”。这种“关心”让我们很郁闷，对此我们该怎么办呢？

男孩的烦恼

① 妈妈总是偷看我的日记，烦死了

海鹏：我从小就有写日记的习惯，现在也一直保持着。可是这段时间我发现我的日记本有被人翻过的痕迹。直到昨天下午放学，我推开自己房间门时竟看到妈妈正在看我的日记本。这让我很不能接受，可是我又不能吼她，真的好烦啊！

② 爸爸妈妈，请尊重我的隐私好吗

郝帅：在爸妈眼里我一直都是个孩子，这我也能理解。可是我现在已经16岁了，他们依旧和以前一样时不时翻看我的日记本。以前我不在乎，可是我现在也有自己不想让人知道的秘密了，他们就不能尊重我的隐私吗？

③ 我该如何说服父母不再偷看我的日记

少飞：我真是没辙了，不论我把日记本藏在哪儿，父母总是能找到然后偷看。为此我还跟他们发过火，可是他们依旧“我行我素”。怎么才能说服他们尊重我，不再偷看我的日记呢？

科学解析

青春期男孩心理变化的一个突出的表现就是在思想上逐渐挣脱父母的束缚，拥有独

立的自我空间。在这个空间里，男孩有自己的隐私、思想等。而对于父母偷看自己的日记，男孩应该这样认识：

（1）父母一般也是出于关心

在父母眼里，孩子永远都是孩子，并且他们会惯性认为孩子是自己的，所以孩子的一切他们也就有权利知晓。尤其是进入青春期后，很多父母会担心自己的孩子出现叛逆、消极思想或者其他想法，再加上青春期的男孩有些事情不愿意跟父母说，这也会让他们更加好奇和担心，因此便会通过偷看孩子日记这样一种不妥的方式了解孩子的内心世界和想法。虽然父母这种做法很不尊重孩子，但是男孩子要相信父母这样也是出于对自己的爱和关心。

（2）父母无权偷看孩子的隐私

我国未成年人保护法规定：对未成年人的信件、日记、电子邮件，任何组织或个人不得拆开和查阅。这也说明，父母并无权查看青春期男孩的日记，否则也属于违法。父母偷看自己的日记，会让男孩觉得自己的自尊被伤害，甚至会因为自己的隐私受到侵犯而采取极端的方式，从而引发尖锐的亲子矛盾。

（3）不管怎样，对于男孩的日记、信件等，父母并无权查看。在得知这一点后，男孩应当理性地去跟父母沟通。

专家支着

那么，当发现父母偷看自己的日记之后，男孩子们又该如何去做呢？以下是给男孩子们的建议。

① 主动和父母沟通，告诉他们自己的想法

父母偷看孩子的日记，很大一部分原因是想了解孩子的想法。因此，青春期的男孩在平时应当主动和父母沟通，内心的烦恼、困惑等也多和父母说一说。这样，既能从父母那里得到安慰和解决的办法，同时又能让父母及时了解自己的思想“动态”，他们自然也就不再好奇，从而也就不会再想着偷看你的日记。

② 认真地跟父母谈一谈

如果有些事情确实不想让父母知道，那么不妨坐下来认真地跟父母谈一谈。告诉他们你长大了，有些秘密只属于自己，希望他们能尊重你的隐私，给你一点独立成长的空间。如果你用真诚、信任的态度跟他们谈的话，相信他们也会被触动，同时也会尊重你。

③ 可以的话，日记本不妨随身携带

如果男孩担心自己的“小秘密”被父母看到的话，不妨将日记本随时携带在身上。同时也跟父母解释：这样做不是不信任他们，而是觉得日记是自己私人的东西，并且携带在身上也可以随时记录一些想法和感受。这样的话，相信父母也一定会理解的。

对于父母偷看自己日记这种事情，男孩既不要憎恨父母，同时也不要和父母发生冲突，而是要耐心、真诚地和他们去沟通。

小贴士

父母一样可以成为男孩子的知心好友

很多男孩子觉得父母就是父母，和自己是没有共同语言的，因此心里的事情也就不愿意跟父母说。其实不然，男孩子要相信，只要自己能够以真诚、信任的态度敞开心扉和父母沟通，父母也会以同样的态度对待自己，父母一样可以成为男孩子的知心好友。

回来晚点怎么了

父 母 总 限 制 我 回 家 时 间 如 何 解 决

原本以为青春期意味着自己长大了，也会比以前相对自由一些，可是万万没想到越

大越没自由。就连回家晚了，都会被父母问东问西唠叨个没完。我们渴望自由，可是面对父母限制回家时间，自由变得好奢侈啊！

男孩的烦恼

◇1 回家晚了5分钟，父母就开始“不依不饶”

文清：我真受不了老爸老妈了，五点半放学，他们规定我六点半之前必须到家。昨天我晚了5分钟，他们就开始盘问我干什么去了。弄得好像审犯人似的，这让我很不是滋味，跟他们顶了几句。唉，真郁闷！

◇2 怎么越长大越没自由了呢

龙翔：小时候羡慕长大的人，因为他们可以想干什么就干什么。现在自己长大了却觉得根本不是这么回事，就连几点回家这种事父母也要限制。怎么越长大越没自由了呢？

◇3 我知道父母是为我好，可是……

柯桦：我现在读的是走读学校，虽然不用父母接送，可是他们却给我立下规矩：每天放学必须在半个小时内到家（从学校到家走路大概20分钟），理由是为我的安全着想。虽然我理解，可是这样让我很不情愿，觉得自己的人身自由被限制了。

科学解析

“父母限制得太多，管得太宽”是很多青春期男孩的“心声”。在他们眼里，自己不管做什么事情，都要受到父母的各种“限制”，比如放学回家不能太晚。其实，对于父母限制自己回家时间，男孩应当这么理解：

（1）是父母爱自己、关心自己的明证

对于青春期男孩来说，父母的管束，如限制回家时间等行为，根本就是在干涉自己的自由。但是，如果男孩能换个角度看的话，把这视为父母爱自己和关心自己的行为表现，也就不会再那么气愤了。确实，大多数的父母之所以限制孩子放学回家的时间，主要还是出于关心。

(2) 出于安全考虑

有些父母之所以规定孩子放学之后必须回家，是出于安全的考虑。青春期的男孩比较叛逆，对新鲜事物往往有着浓厚的兴趣，再加上分辨是非的能力不强，因此很容易受到一些不良诱惑，尤其是社会上一些不良青年的诱导，很容易误入歧途，耽误正常的学习和生活。因此，为了避免自己的孩子出现这种情况，很多父母便会采取限制孩子放学回家时间的方式去保障孩子的安全。

“没有规矩，不成方圆。”父母给男孩规定回家时间的行为也是为了男孩能够更好地度过人生这一关键时期，所以男孩子也要尽量体谅父母。

专家支着

虽然说限制回家时间是父母爱的一种表现，但是如果父母的要求过于“苛刻”的话，男孩子又该如何面对呢？

① 学会控制自己的情绪

面对父母过于苛刻的要求，你可能觉得难以忍受，于是你冲父母发火、抱怨，甚至和他们冷战。但是这样并不能解决问题，只会让父母给你更多的限制。所以，男孩首先要做到的就是控制好自己的情绪，避免和父母发生激烈的语言“冲突”。

② 逐渐赢得父母的信任

有时候父母之所以会限制你回家的时间，主要是不放心你，对你的自控能力和保护自己的能力不信任。因此，在平时的生活中，男孩子一定要学着懂事，提高自己各方面的能力，以逐渐赢得父母的信任。当父母完全相信你的时候，自然也就不会再给你过多的限制。

③ 与父母进行有效沟通

比如你可以告诉父母他们这样做给你带来的不方便，告诉他们你的想法，如放学后希望和同学多一些接触，或者参加一些积极、有意义的课外活动。只要你跟父母解释清楚，他们也会理解你，从而也会放宽对你的管束。

男孩子要记住，父母有责任和义务管束自己的孩子，要想不被限制人身自由，最重要的还是用自己的行动换来父母百分之百的放心。

小贴士

尽量早点回家，以保证自己的人身安全

虽然说青春期的男孩可以有自己的自由和活动，但需要提醒各位男孩的是，如果没什么特殊的情况，放学之后最好还是直接回家。如果要参加活动的话，也要提前和父母说一声。为了保证自己的人身安全，一定要在天黑之前回家。若是在外，也要保证让父母能随时联系得上自己。

不敲门就进来

怎样才能让父母进我房间时敲门

青春期到了，与父母之间的分歧也越来越大。我们长大了，渴望得到他们的尊重和理解，可是他们却依然视我们为他们的“附属品”，依然我行我素，这让我们难以接受。难道我们想有一个自己独立的空间也不行吗？

男孩的烦恼

① 爸爸妈妈一点也不尊重我，烦人

张岩：从小到大，父母进我的房间从来是直接进，没有敲过门。现在我觉得自己长大了，也该有点自己独立的空间了，于是便恳请他们尊重我一下。可是父母却说都是一家人，没必要那么见外。这让我觉得他们很不尊重我，真烦人！

② 讨厌，每次进来都不敲门

乐宁：我现在最受不了的就是父母每次进我房间都不敲门，比如昨晚我正在写日记，妈妈端着牛奶悄声进来，还站在我身后看了一会儿，直到我反应过来。这让我觉得很别扭，虽然我没啥秘密，可还是不喜欢父母这样。

③ 求救，怎样让父母进我房间时敲门呢

尧尧：今晚我又和妈妈发生争执了，起因还是她不敲门进我房间。我为此发火了，她也很生气，认为我根本就是没事找事。“哪儿有父母进孩子房间还敲门的，别忘了，这房子和你都是我和你爸爸的。”妈妈的这句话让我又气又无奈，唉！

科学解析

进入青春期后，男孩子们也越来越注重自己的独立空间，他们渴望尊重，渴望独立。其中一个突出表现就是在家里希望父母进自己的房间能敲门。对此，可以这么理解：

（1）男孩子的自尊心增强了

进入青春期后，男孩的身心迅速发展，独立意识增强的同时，自尊心也会逐渐增强。在这段时期，他们与父母之间的代沟也会愈来愈明显。在沟通的时候，渴望得到父母的理解和尊重。当父母不敲门进他们房间时，会让他们觉得自己的私人“领域”随时都会被“侵犯”，当和父母沟通无果时，他们的自尊心就会受到伤害，因此与父母之间的矛盾也产生了。

（2）男孩已经到了“害羞”的年龄

在父母眼里，孩子永远都是孩子。但是在青春期的男孩眼里，自己俨然已经是个大孩子了。这时的他们也已经到了害羞的年龄，比如在换衣服的时候，如果父母直接推门而入的话，会让他们觉得很难为情。可能父母不觉得什么，但对于青春期的男孩来说却很尴尬。

青春期的男孩渴望独立与父母的尊重，父母不敲门就进其房间，既会让他们觉得自

己不被尊重，同时也容易产生各种矛盾和分歧。

专家支着

对于进自己房间不敲门这种情况，男孩子们又该如何去和父母沟通呢？以下是两种和父母沟通的方法，男孩子们可以结合自己的实际情况借鉴。

① 和父母真诚沟通，告诉他们你的想法

比如男孩子可以找个时间坐下来和父母好好说说这个问题，向他们强调你并非有什么不可见人的秘密瞒着他们。而是要跟他们解释清楚你长大了，希望有自己独立的空间，并且希望得到他们的尊重。当你耐心、真诚地把内心的想法告诉父母的时候，相信他们也一定会理解你并尊重你。

② 告诉父母你长大了，有自己的隐私

进入青春期后，男孩的性别意识会增强，对于父母，尤其是妈妈，会有所“避讳”。因此不妨和妈妈说说这个问题，请她多考虑一下你的感受，毕竟你已经长大了，不再是过去那个不谙世事的小屁孩了。在说这个话题的时候，男孩子无须害羞或者不好意思，大方、自然一点反而显得你成熟、懂事。父母理解了你的“苦衷”之后，自然也会尊重你。

男孩子要相信，对于和父母之间的“问题”，沟通才是最好、最有效的方法。只要有足够的耐心、真诚，相信这些“问题”都将不再是问题。

小贴士

别轻易用“锁”

有些男孩子可能会采取给自己房间上锁的方式来应对父母不敲门进自己房间，在这里要提醒各位男孩子的是，别轻易用“锁”的方式解决这个问题。因为一把“锁”锁住的不仅是自己的房间门，更是与父母之间沟通的大门。因此，这种方式也不是解决问题的最佳方式。这一点，男孩子要牢记。

他学习不好怎么了

父母不让我和学习差的同学来往怎么办

我们理解父母都希望自己的孩子优秀、出类拔萃，可是成绩优秀并不能说明一切啊！有时候觉得他们管得太宽了，就连交友他们也要干涉，不让我们和学习差的同学来往，难道我们自己选择朋友的权利和自由也没有吗？

男孩的烦恼

① 他学习成绩虽然不好，可是他人真的很不错

云龙：最近父母总是叮嘱我要和阿鹏“保持距离”，理由是他学习成绩差，经常跟他混在一起会影响我的学习成绩。这让我很不解，阿鹏的成绩虽然不好，可是他人很不错啊，热情、积极，难道成绩不好就代表他人也不好吗？

② 我交友先要过父母这一关，郁闷

毛豆：小时候被父母管可以理解，可是现在我都大了他们还是什么都管。就连我交友，他们都要干涉，比如不许跟学习成绩差的同学来往。这让我很郁闷，怎么我越大越没有自由了呢？交个朋友都要先过他们的关。

③ 我讨厌父母干涉我

兴乐：我知道父母关心我，可是他们也不能总拿我当小孩子，事事都干涉我吧。最近又开始干涉我交友，说我快要中考了，应该多和学习好的同学来往，少和成绩差的同学来往。真是不可理喻！

科学解析

青春期是男孩子人生中的特殊时期和关键时期，也是叛逆时期和各种问题的“多

发”时期，因此在这段时期，父母也比较容易“干涉”男孩的事情，其中就包括交友。

（1）害怕孩子受到消极、负面影响

很多父母都觉得自己的孩子如果经常跟成绩差的孩子在一起，也会受到影响导致成绩下滑。再加上“近朱者赤，近墨者黑”思想的影响，便使得很多家长更不喜欢自己的孩子跟成绩差的孩子在一起玩。为了使自己的孩子不受到“消极”影响，便出面干涉孩子的交友，甚至命令其不许跟成绩差的孩子来往。

（2）对孩子的青春期过于敏感

还有一些家长之所以会干涉孩子的交友自由，是因为对孩子的青春期过于敏感。比如害怕孩子因为交友不慎误入歧途，再加上现在多数父母对孩子都抱有很高的期望，因此也就忍不住会干涉孩子。在父母眼里，孩子虽然已经进入青春期了，可是分辨是非的能力还不是很强，出于保护孩子健康成长的目的，他们会帮孩子交友“把关”。

对于父母干涉自己交友这件事，男孩一方面要理解父母的用心，另一方面也要积极和他们沟通，同时自己也要学会选择朋友。

专家支着

对于父母干涉自己交友这件事，男孩可以通过以下几种方法和父母进行沟通。

① 耐心给父母解释清楚你的朋友并不是坏孩子

如果你的朋友只是学习成绩不好，其他方面都没什么问题的话，你可以耐心和父母解释清楚。让父母明白，你和他来往，并不会使你误入歧途。同时，也要帮助你的朋友努力提高学习成绩。要知道，每个人都有自己的优点和缺点，你不妨和父母说一说对方身上的优点，比如热情助人、劳动积极、团结同学等。相信听了你的解释之后，父母对你朋友的态度也会有所改变。

② 把你的朋友带到家里，让父母对他们有一个客观的认识

周末或者闲暇时间，不妨把你的朋友带到家里，通过接触和交流，让父母对他有一个更为理性和客观的认识。在真实地接触过之后，相信你的父母也会被你朋友身上的一

系列优点所触动，自然也就不会再反对你和他来往了。

③ 男孩自己也要学会选择朋友

当然，男孩自己也要学会选择朋友。虽然学习成绩不好并不能说明一个人的人品就不好，但男孩还是应该积极帮助学习成绩差的朋友提高学习成绩，两个人取长补短，共同进步，这样的朋友才是真正的朋友，父母当然也就不会再干涉什么。

总之，青春期的男孩要多结交对自己有益的朋友，即在和对方交往的过程中，能让自己在各方面得到进步，而成绩好与坏，并非是选择朋友的唯一标准。这一点，男孩要和父母认真沟通。

小贴士

如何结交好朋友呢?

男孩要广泛培养自己的兴趣爱好，通过参加各种兴趣活动结交一些和自己志趣相同的朋友；如果觉得对方可以做不错的朋友，不妨主动“出击”，给别人了解你的机会，同时也能更全面地了解对方。在和朋友相处的过程中，要做到相互信任，真诚相待，这样才能使彼此的友谊永不“褪色”。

我和她什么关系也没有

父母总盘问我和女生关系为哪般

我们承认进入青春期后会对异性产生好感，可是也仅限于好感，大多时候跟异性并无什么“特殊”的关系。但是父母总是不放心，时不时地盘问我们和一些女生的关系，真不知道他们怎么想的。

男孩的烦恼

① 我都不能和女生来往了，真郁闷

子轩：父母现在对我和女生的关系似乎特别敏感，昨天和父母逛超市遇到班上一个女生，就顺便跟她聊了两句。这下可完了，回家之后，父母开始盘问我和她的关系。说实话，就是普通同学，可是父母依旧怀疑。弄得我现在都不敢跟女生来往了，真郁闷！

② 没事也得被父母盘问出点儿事来

志强：我真是服了父母了，现在对我越来越不信任。时不时地问我班上那些女生的情况，我知道他们是担心我和那些女生之间有什么，可是真是没什么。再这样下去，就算没事也得被他们盘问出点儿事来，唉！

③ 我怎么说，他们才能相信我呢

旭尧：我真受不了！现在父母对我疑神疑鬼的，总怀疑我和班上的某位女生走得近。其实和她只是普通的朋友，因为顺路，偶尔会一起回家，被父母看到过一次之后就开始没完没了地问了。不知道怎么解释，他们才能相信我。

科学解析

青春期是男孩一生中相对比较敏感的时期，同时也是让父母非常担心的时期。这一时期的男孩生理和心理的变化都很大，因此也就容易出现各种各样的问题，尤其是和异性之间。

（1）容易陷入“恋爱”中

与异性同学交往是告别学龄期的男孩迈向青春期的一个节点，在这段时期，男孩对异性有了更深一层的认识，明白了对方与自己是不同的。再加上性意识的萌发和觉醒，常常会对异性产生好感。同样，女孩和男孩一样也会有相同的感觉。再加上现在影视剧的影响，极易导致男孩女孩因为一时冲动陷入所谓的恋爱中去——这也是让很多家长颇为担心的问题。

（2）容易影响男孩的正常学习和生活

很多家长之所以对自己的孩子与异性交往过于敏感，还有一个原因是担心孩子因此而影响正常的学习和生活。青春期的男孩自控能力比较差，对异性一旦产生好感，自然也就会分散学习的精力和注意力。比如会在自己的外在形象上下功夫、会表现得很绅士等，这些无一不让父母担心孩子无心学习了。尤其是看到男孩和异性来往频繁的时候，父母更是会担心不已，因此也就非常在意孩子与异性之间的关系，忍不住会盘问。

总而言之，父母之所以总是盘问男孩与女生之间的关系，还是出于关心和担心，也是为了更好地引导男孩学习和成长。

专家支着

对于父母怀疑的态度和无休止的盘问，男孩可以试试以下几种办法。

① 跟父母解释清楚

当父母怀疑自己跟女生的关系的时候，男孩大可不必因此不耐烦，大大方方地跟父母解释清楚：和她只是普通的同学、朋友关系，并不是你们想的那样。只要男孩子态度大方、自然，相信父母也不会总是怀疑。男孩子要相信只要自己没做“亏心事”，也就不用为此而担心，相信事实一定会证明自己的“清白”。

② 最好不要和女生单独在一起

为了避免不必要的麻烦，即使只是普通的同学、朋友关系，也最好不要单独在一起，比如玩耍、逛街等。和异性来往的时候，最好周围还有其他的同学和朋友。这样一来能避免一些误会和麻烦，二来在交往与接触的时候也能更坦然和自由。

③ 必要的时候，不妨让父母怀疑的同学跟父母说清楚

假如父母不相信自己的话和解释，就是对某位女生和自己的关系有所怀疑的话，男孩不妨请求父母怀疑的同学亲自和父母说清楚。当自己和父母怀疑的同学都做到心中坦然、真诚的时候，相信父母心中的疑虑也就打消了，也就不会总是怀疑你们之间有什么了。

男孩要相信，只要自己是“清白”的，就不用为家长的盘问而烦恼，因为事实会证明一切。

小贴士

男孩和女孩之间到底有没有真正的友谊呢?

很多男孩会觉得长大之后，男孩与女孩之间就不存在真正的友谊了，因此在青春期也会对此产生逃避心理。其实大可不必，要知道，男孩和女孩在正常的交往过程中，双方都可以从彼此那里感受到不一样的乐趣，这对双方青春期的发展也很重要。只要双方的心态都是积极的、健康的，男孩和女孩之间一样存在真正的友谊。

一听妈妈唠叨就头疼

怎样才能不让妈妈唠叨

我们相信父母对我们的爱是毋庸置疑的，小时候觉得父母的唠叨是关心，而现在却觉得父母的唠叨是一种“折磨”。现在一听妈妈唠叨就头疼，真想知道怎么样才能不让父母整天对我们唠叨。

男孩的烦恼

① 我的脑袋快炸了，真想发火

毅和：我真受不了我那唠叨起来没完没了的老妈，现在只要听她开口说我，我就立马找个借口逃走，因为她的唠叨会让我的脑袋爆炸。对于我的态度，老妈也很不满，简直就是又委屈又生气，说我不懂她的爱。唉，难道爱就是唠叨吗?

② 每次妈妈唠叨的时候，我真想拿个东西堵住她的嘴

曾宇：老妈才40岁多一点，就跟上了年纪的老奶奶一样，整天对我唠唠叨叨的。现在一听她唠叨我，我就恨不得抓起东西堵住她的嘴——当然，这只是想想。可是我真的很烦恼，怎样才能让妈妈不再那么唠叨呢？

③ 我伤了妈妈的心，可我不是故意的

安康："康康，东西都带齐了吗？要不要再检查一遍？对了，新买的彩笔带了吗？""吃饭要多吃蔬菜，你现在正在长身体，要注意，不能老挑食。"……这些话每天我都要听妈妈重复好几遍，终于今天忍不住呛了她一句："知道了，你天天唠叨，烦不烦啊！"这句话深深伤了妈妈的心，可我真不是故意的……

科学解析

每一位父母都希望自己的孩子能健康、快乐成长，尤其是伴随着孩子青春期的到来，父母也会更加关心孩子的成长，比如学习、交友、生活等，当关心过度的时候，在男孩那里就成了"唠叨"。对于父母的唠叨，男孩子也要客观看待。

（1）唠叨是大部分父母的"通病"

几乎所有的父母都会对自己的孩子唠叨，这是因为在父母眼里，孩子永远都是长不大的，同时唠叨也是父母对孩子爱的一种表达方式。要知道，虽然父母的唠叨自己并不喜欢，但是也要明白这是大部分父母的"通病"，并且也是为了让自己更好地成长。因此，要多理解父母对自己的爱和苦心，更要理解父母的唠叨。

（2）要正确看待自己的成长

虽然进入青春期后自己的身心都有了很大的发展，独立意识和自我判断能力也在不断增强，但是男孩子也必须认识到，自己还没有完全发育成熟。一些思想认识和观点也还欠缺成熟，而父母唠叨也是为了更好地引导和教育自己。所以，男孩要正确看待自己所谓的"成熟"，同时也要虚心接受父母"唠叨式"的指导。

虽然父母的唠叨对青春期的孩子来说的确是一种"折磨"，但是如果男孩子们能换一个角度去理解和看待的话，也就不会那么厌烦了。

专家支着

面对父母的唠叨，男孩子又该如何做呢？

① 信任父母

男孩子要相信，在这个世界上最爱自己、最关心自己的永远都是自己的父母。虽然有时候父母说得并不一定完全正确，但是同时也要认识到，父母的经历和经验毕竟比自己多，因此在很多事情上他们的意见和建议还是值得考虑的。当男孩抱着一种信任的态度去面对父母的唠叨时，也就不会觉得父母的唠叨“讨厌”和“刺耳”了。

② 告诉父母你的想法，多和他们沟通

有时候你可能自己决定做一件事情，但是父母出于担心而唠叨个没完。这时候也不要向父母发火，不妨静下心来认真和他们进行沟通，把自己内心真实的想法告诉他们。相信只要你说得有道理，同时可行的话，父母也一定会同意，唠叨也会停止。

③ 如果是重复的唠叨，那就当“耳旁风”吧

有时候父母的唠叨是重复性的，对此，男孩也没必要表现出不耐烦，因为这样会让父母伤心。可以来个善意的“谎言”，父母唠叨的时候自己就装作认真听，听完之后也就算了。当然，如果父母说得确实有道理的话，该认真对待的时候还是要态度严肃一点。

父母的唠叨虽然有时很让人烦，但是只要男孩静下心真诚和父母沟通，相信父母也会有所“收敛”的。

小贴士

在父母唠叨之前不妨“抢”着把他的话重复一遍

如果父母就是那种惯性的唠叨的话，并且自己也确实已经“耳熟能详”，那么在父母唠叨之前，自己不妨“抢”着把父母将要唠叨的内容唠叨一遍，并且以一种幽默的方式表达出来。这样既能“堵”住父母的嘴，同时也不会伤害父母，不影响亲子之间的关系。

就是不想和他们说

和父母说不到一块儿怎么办

以前心里有什么事情第一时间想到的就是和父母“分享”，可是现在总觉得和他们说不到一块儿，所以有些话也就不想和他们说。但是在平时的沟通中，还是会出现这种情况，真不知道该怎么办。

男孩的烦恼

① 和父母越来越不“投机”了，到底谁变了

巴特：以前在父母眼里，我是一个乖儿子，有什么话肯定会和他们说。可是现在我却不愿意和他们说，原因是根本说不到一块儿。因为这个，父母说我变得不像以前那么乖了，而我也觉得父母越来越不理解我，我们双方到底是谁变了？

② 和父母讲话没两句，指定“翻脸”

皓龙：真烦恼！现在不知怎么回事，和父母说话总说不到一起，每次讲话没两句，肯定“翻脸”。他们不高兴，我也气呼呼的。为何现在我们的观点和思想相差这么多呢？我不喜欢这样，可似乎又无能为力。

③ 与父母越来越疏远了

蒋新：大约快两个星期了吧，我和父母都没有好好说过一次话，原因很简单，我们根本谈不到一块儿。比如对于兴趣班，他们希望我报书法，我却热衷街舞。他们说我浮躁，我说他们不尊重我……反正现在觉得与父母之间的距离越来越远了，这并非我希望的。

科学解析

很多步入青春期的男孩都会有这样的感觉：怎么与父母越来越难沟通了？不论说什

么，总说不到一块儿去！对于这个问题，其实也是有原因的：

（1）身心发育

进入青春期后，男孩的身体迅速发育成熟，而心理则是逐渐觉醒。身心发展的“时差”也给男孩带来了急剧而复杂的心理矛盾和心理动荡。此时的男孩希望得到别人的认可，拥有成人世界里的成就感。可是大多数的父母并没有意识到孩子的这种情况，依旧像以前对待幼儿一样，试图把自己的想法和思想强加给孩子，于是便导致男孩对父母产生反抗心理，矛盾也由此激发。

（2）父母的盲目责怪让男孩觉得“不爽”

父母都希望自己的孩子聪明、懂事，因此在孩子成长的道路上总是不由自主地会当他们的“引路人”。不管是学习还是生活，总会告诉孩子这样做、那样做。当孩子做得不好或者不合父母心意的时候，父母往往会不问孩子的想法就盲目责怪，这会让青春期的男孩觉得很没面子，心里也很“不爽”，由此和父母展开“争论”。

（3）青春期男孩固有的叛逆心理

青春期本来就是男孩成长过程中的特殊时期，这一时期的他们很容易出现叛逆心理，这与其心理发展特点有关。因此在父母眼里，男孩的“叛逆”就是不听话、不懂事，这也时常导致男孩与父母无法沟通，从而产生“与父母说不到一块儿”的感觉。

除了上述原因之外，两代人的成长背景不同、生活阅历不同等也是导致说不到一块儿的原因。

专家支着

因为说不到一块儿，所以也就不愿意和父母说——这是很多男孩的想法。这种想法不利于亲子关系的和谐发展，对此，男孩子们要主动想办法化解与父母之间的分歧和代沟。

① 主动让父母理解自己

要想让父母理解自己，首先就得让他们了解自己。青春期后，男孩的心理会发生很大的变化，一些思想观念也会与以前有所不同。这时候，就需要给父母了解自己的机会，给他们时间。比如，多跟他们沟通，说说你学习、交友的情况，谈谈你对一些事情的态度和意见等。在了解了你的所思所想之后，父母再跟你沟通、说话的时候，也就会理解你，因此也就不会出现“话不投机”和“说不到一块儿”的情况了。

② 男孩子也要理解父母的用心

男孩子要明白，父母对子女的爱永远都是最深沉的。即使有时候会批评或者强迫自己，但出发点一定是好的。因此，在平时的生活中，男孩子也要理解和体谅父母的良苦用心。说话的时候如果观念不同，不要急着和父母争执或者直接开吵，而是要先耐心听听他们的想法，然后再向他们说出自己的想法，双方一起理性地分析谁的想法更好、更符合实际情况，然后再下结论。这样不仅有助于亲子间的和谐沟通，同时是尊重彼此的表现。

世界上最关心、最疼爱自己的就是父母，只要明白这一点，就算再有分歧，相信男孩也一定能够和父母通过沟通解决。

小贴士

只有彼此敞开心胸，才能“说到一块儿”

由于每代人的经历、成长背景和思想都不一样，所以孩子和父母之间总会心存隔阂，这也是正常的。但是男孩子一定要明白，对父母如果不能敞开自己的心灵的话，就很难让他们理解自己、相信自己，同时自己也难以理解和相信他们。只有彼此敞开心灵沟通，才能“说到一块儿”。

竟然朝妈妈发火了

和父母“摩擦”起“火”了怎么办

以前在父母眼中，我们都是听话的乖孩子，可是现在不知道怎么了，在与他们沟通的过程中会忍不住冲他们发火。看着父母惊讶和伤心的眼神，我们心里也很难受，和父母“摩擦”起“火”了该怎么办呢?

男孩的烦恼

① 我顶撞妈妈了，很懊恼

宝龙：现在我的火气似乎很大，尤其是在和父母沟通的时候，一有分歧，就会忍不住发火。比如昨天，我因为冲动顶撞了妈妈。事后自己非常后悔，越想越懊恼，弄得我现在都不敢面对妈妈了。

② 我当着外人的面朝老爸发火了，老爸现在还在生我的气

阿勇：今天因为报兴趣班的事，我当着邻居的面朝爸爸发火了，说了一句“我的事情你少管”。这句话让爸爸很生气，到现在他的气还没消。想想爸爸也是为我好，可是我却让他伤心……

③ 每次跟父母发火之后，我都想抽自己俩嘴巴子

宗亮：现在不知道怎么了，跟父母的关系很紧张，动不动就会“摩擦”起“火”。每次跟父母发火冷静下来之后，我都很后悔，恨不得抽自己俩嘴巴子。唉，好烦啊!

科学解析

青春期男孩火气都比较大，再加上自控能力相对差一些以及叛逆心理比较重，有时面对父母时常控制不住自己的脾气，甚至冲父母发火，和父母顶嘴。至于原因，大致有以下几点：

（1）生理和心理发育所致

前边也提到过，青春期男孩在生理和心理上会发生一系列的变化，各种因素交织在一起会让男孩的脾气变大。尤其是成人感和独立意识的增强，会让男孩希望自己的事情自己做主。但有时也会遭到父母的反对，这时男孩常常会觉得父母“管得宽”，因而忍

不住会冲父母发火。

(2) 沟通不畅

有时候男孩子冲父母发火其实是因为沟通不畅引起的，青春期的男孩容易浮躁，当某些事情与父母的意见不合的时候，不等双方沟通，自己心里就会莫名其妙地生气，继而冲父母发火，甚至和父母顶撞。这样的结果就是导致亲子间出现裂痕，影响亲子之间的正常交流和沟通。

(3) “生理能量”没有得到合理释放

“生理能量”如果没得到合理释放的话，就有可能转化为“心理行为能量”，继而造成青春期的男孩子冲动易怒、脾气暴躁。因为平时和父母相处的时间最多，因此这种情绪也就很容易冲着父母发泄，如发火、顶嘴等。

男孩子既要理性看待自己冲父母发火，同时也要尽量克制自己的火暴脾气。

专家支着

当忍不住或因为冲动向父母发火之后，男孩子应该如何去“补救”呢？

① 第一时间主动向父母道歉

不管是有意还是无意，如果冲父母发火了，男孩子冷静下来之后要第一时间主动向父母道歉。要知道，就算父母的话比较主观，或者没有考虑自己的感受，作为子女，对父母也应该有最起码的尊重。所以，发火之后，男孩要主动向父母道歉，以让他们得到一些心理安慰。

② 如果觉得不好意思，不妨给父母写封信

青春期男孩比较爱面子，和父母发火之后，虽然有向父母道歉的意识，可是碍于面子会难以真正做到。对此，男孩不妨给父母写一封道歉信，将自己的想法和歉意通过文字的形式表达出来。并且写信还有一个好处，就是很多说不出口或者不好意思说的话都能表达出来。相信父母在看过之后，也一定能感受到你的真诚，自然也会选择原谅你。

③ 冷静之后多和父母沟通

发火的时候，男孩的情绪会很糟糕。等冷静下来之后，可能会意识到自己做得确实有些过分。这时候，不妨主动和父母进行沟通，一起分析发火的原因。通过沟通的方式找到自己冲父母发火的原因，以后多注意一些。要知道，对于亲子间的隔阂和分歧，沟通是最有效的方法。

做到这些，相信对于你的无心之过，父母也定不会再计较。

小贴士

避免和父母“摩擦”起“火”的最好办法是提高自己的自控能力

虽然冲父母发火了，父母不会记恨自己，也不会和自己过多计较，但冲父母发火确实是不尊重他们的表现。因此，男孩一定要提高自己的自控能力，和父母有分歧的时候，多暗示自己冷静，尽可能地避免冲父母发火。

特别感谢

本书在写作过程中，得到了杨玉兰、谭香慧、陈小雪、马利琴、李文波、何凤娣、李星野、郑小兰、景继杭、李银玲、林小峰、黄俊杰、张盛林、谢吉瑞、刘丽娜、石娟娟、薛莎莎等人的大力支持，在此深表谢意！